現代経営学概論

髙木直人・水野清文 編著

五絃舎

はしがき

　本書は、大学生や社会人、経営学の初学者等にも対応した内容となっています。学問としてのレベルは初心者向けとし、理解しやすくするため平易な言葉を用いるように心掛けるとともに、基本的な概念や通説を体系的に学べる構成としていることが本書の特徴です。さらに、理論と実際を照らし合わせる意味で事例を取り上げ、読者が経営学の基礎と本質について興味を深められるように工夫していることも特徴です。

　最後に、本書の出版を快くお引き受けいただいた五絃舎の長谷雅春社長、ならびに本書の企画にご賛同いただき原稿をお寄せくださいました諸先生方に厚く感謝を申し上げます。

2021年3月

髙木直人・水野清文

目　　次

現代経営学概論

第1章　経営学の登場

第1節　大規模工場制工業の出現

　人類が歩んできた歴史を振り返ってみても、工業化社会は比較的最近に起こっている。それは、産業革命によって、大規模工場制工業が18世紀後半イギリスで誕生したことがきっかけである。また、この産業革命が約100年で世界各地に広まり、19世紀末には、フランス、ドイツ、アメリカ、日本でほぼ完成をみることになる。日本は、明治維新から約30年という期間で産業革命を実現し、欧米の先進国にキャッチアップした唯一の国である。

　ガーシェンクロンの相対的後進仮説によると、先進国と後進国の技術格差が大きいほど、その後の後進国の経済成長のスピードは速いとしている。日本の産業革命は、ガーシェンクロンの相対的後進仮説が示した典型的なケースでもある。

　産業革命による大規模工場制工業における生産の機械化が、それまでの手工業的生産方法に大きな影響を与え、それは、従来の管理方法や制度を大きく変化させることとなった。

　初期の経営学は、この産業革命を期に出現し、イギリスで芽生える。すなわち、大規模工場制工業の出現こそが、経営学の発展が本格的にはじまる歴史的基盤である。

　また、大規模工場制工業の出現によって、生産の主導権を握っていた熟練工から機械へと移り変わった。それは、生産の機械化によって、仕事の専門化が

進み、さらに、工業製品の大量生産も可能とすることになった。

　そもそも、大規模工場制工業が出現するまでは、家族経営の工場により運営されていた小規模制手工業が中核となり、その状況で必要とされていた管理方法や制度は、ごく単純なものであった。

　しかし、産業革命による急速な大規模工場制工業の発展によって、従来の経営の管理方法や制度では対応不可能な事態となった。

第2節　新しい管理方法の出現

　産業革命の影響によって、19世紀後半から20世紀前半にかけて、イギリスやアメリカにおいては、「生産性の向上」や「管理の科学化」の要請に応える必要から、従来の管理方法や制度とは全く異なった新しい管理方法が生まれた。

　新しい管理方法や制度について最初に必ず確認しておかなければならない人物は、アダム・スミス（Adam Smith、1723-1790）とチャールズ・バベイジ（Charles Babbage、1791-1871）の二人であり、この二人が取り上げた分業論をみてみる。

　イギリスの経済学者であるスミスは「近代経済学の父」と呼ばれ、『国富論（1776）』を発表し、現代の経済に多大な影響を与えた人物である。彼は、「分業の重要性」はそれにより労働生産性が上昇し、経済全体が豊かになると論じている。

　また、スミスの分業の利点として、「同一行程がたえずくり返され技能が向上する」「一つの仕事から他の仕事に移る際に生ずる時間のロスが節約される」「分業によって作業が単純化され、工具や機械の改良が生まれる」という3つをあげている。

　バベッジは、「コンピュータの父」といわれることもあり、そもそも数学者で、世界で初めて「プログラム可能」な計算機を考案した人物である。『国富論』が発表されて約50年後に、バベッジの著書である『機械化と工業化がもたらす経済効果（1835）』で、仕事を分業することの効果を論じている。熟練し

た賃金の高い労働者は、常にスキルを最大限に発揮しているわけではない。その仕事を分業して複数の労働者を雇えば、スキルを要する仕事だけを熟練した労働者に割り当て、他の比較的簡単な仕事は別の熟練していない労働者に割り当てることができ、全体として労働コストの削減になるというものである。

　バベッジはすでに、作業分析、時間測定、コストの問題を考え、さらには、作業の単純化と専門化まで考えていた。この考えは、テイラーの科学的管理法が登場する前から生み出されている。

　また、ロバート・オウエン（Robert Owen, 1771-1858）は、1813年に出版した『社会に関する新見解（1813）』で、分業体制は矛盾を生み出すことに関心を持ち、この問題を解決するには、国民教育制度を導入することを述べている。

　オウエンにとって分業体制は、人々に平等の富を与えて自由に生きることを可能にするというよりも、さらに貧富の差を拡大させるものとして考えていた。このように考えていたのは、社会主義はフランス革命以降、すでにひとつの思想として成立していたからでもある。

　オウエンが最も関心を持っていたことは、大規模工場制工業と手工場的生産の持っている大きな違いであった。それは、手工場的生産と違い、大規模工場制工業における生産の機械化では労働者が特殊な技能を必要としない点であり、労働者たちは、機械の操作ができればよいとされていたことである。

　オウエンは、手工場的生産から大規模工場制工業における生産の機械化へと分業の形態が変わっていくにつれて、社会に悪徳と不道徳が広がり、この問題を解決することが「よい社会」を実現するためには必要であり、そのための方法が教育であると考えたのである。そのような考えから、1819年には紡績工場法の制定に力を入れ、9歳以下の労働の禁止と16歳以下の少年工の労働時間を12時間以内という制限を実現させている。

　また、オウエンは、労働者の環境条件が職務にも影響を与えるとの考えをすでに持っていた人物でもあった。すなわち、約100年後に登場するメイヨーの人間関係論の考えとも共通する部分がすでに芽生えていたこととなる。

第3節　経営と管理

　テイラー（Frederick Winslow Taylor, 1856-1915）の科学的管理法の出現は、経営学に多大な影響を与えた。特に、経営と管理の問題について、科学化を導入することによって、従来の限られた管理者に限ることなく、一定の訓練を受けた者であれば管理を行うことができる状況をつくった。

　すなわち、テイラーの科学的管理法が世に広まったことによって、新しい管理方法や制度が生まれた。そこで、「古典派」、「新古典派」、「近代派」を代表する人物について簡単な説明をする。

　テイラーは、科学的管理法を世に発表した人物である。特に、人間の「作業」について注目し、「課業」による管理を行うために、「大きな一日の課業を設定」「標準条件を設定」「成功に対する高い給料を設定」「失敗には損失を設定」の四つの基本原則を導入し、従来の経営者の経験や勘に頼った成行管理から発生した、労働者の組織的怠業への解決に取り組んでいる。なお、テイラーに関しては、代表的な著書として、『科学的管理法の原則（1969）』（産業能率大学出版）がある。

　エルトン・メイヨー（George Elton Mayo, 1880-1949）は、ホーソン工場での実験で、物理的作業条件と作業能率との間に、労働者の感情や意欲といった主観的な態度があり、これが大きく影響していることを発見した。この主観的な態度は、自然的発生的に生じる非公式集団（インフォーマル）の影響を受け、この集団が大規模である場合は、さらに、大きな影響力を持つことについても説明している。すなわち、人間の「行動」について注目し、人間の心理的側面と内面的側面を重要視した新たな組織理論と管理論の必要性から、経営者が労働者を管理する場合、労働者の生産性の向上と感情の理論が大きく関わっていると論じた。代表的な著書として、『ホーソン・リサーチと人間関係論（1978）』（産業能率短期大学出版部）がある。

　チェスター・バーナード（Chester Irving Barnard, 1886-1961）は、組織はど

のような状況でできるのかを示し、「人間は自由な意思を持ち、自由に行動する」との考えから組織の理論を組み立てている。バーナードの考えでは、「二人以上の人が集まった集団を組織」と定義し、組織が出来上がるための三要素として、「共通目的」「貢献意欲（協働意志）」「コミュニケーション」を挙げている。現在でも、組織を説明するために最もよく利用されている。なお、バーナードに関しての、代表的な著書としては、『経営者の役割（1968）』（ダイヤモンド社）がある。

第 4 節　その他の研究者

　ここまでに紹介をしている人物以外にも研究者は多数いる。上節でも簡単な人物紹介はしたが、経営学を学ぶ上でさらに知っておくべき人物を簡潔に紹介する。

　古典派のその他の代表としては、ファヨールとフォードである。

　アンリ・ファヨール（Henri Fayol, 1841-1925）は、『産業ならびに一般の管理（1916）』（未来社）で、企業の経営には管理が最も重要であると指摘し、管理論の研究や普及に大きな影響を与えている。テイラーと同時期に管理法について考えていたが、特に交流はなかったとされている。この彼の著者に関する著書として、『アンリ・ファヨール（1984）』（文眞堂）がある。

　ヘンリー・フォード（Henry Ford, 1863-1947）は、フォード・システムを考えだし、「大量生産」を可能にするために、「標準化」と「移動組立法（ベルト・コンベア・システム）」という生産システムを考えた。特に、Ｔ型フォードの成功によって、車を金持ちの遊び道具から、大衆の足へと位置づけたのである。代表的な著書として、『フォード経営（1968）』（東洋経済新報社）がある。

　新古典派のその他の代表としては、レスリスバーガー、マズロー、マグレガー、アージリス、ハーズバーグとリッカートである。

　レスリスバーガー（Fritz Jules Roethlisberger, 1898-1974）は、メイヨーの愛弟子で、ホーソン実験を行った重要人物でもある。特に、作業能率とモラー

ルの関係を示した。代表的な著書として、『経営と勤労意欲（1954）』（ダイヤモンド社）がある。

アブラハム・マズロー（Abraham Harold Maslow, 1908-1970）は、人間の欲求を、第1「生理的欲求」、第2「安全欲求」、第3「社会的欲求」、第4「尊厳欲求（承認欲求）、」第5「自己実現欲求」の5段階に示し、低階層の欲求が充たされると、より高次の階層の欲求を欲すると考えた。著書として、『人間性の心理学（1971）』（産能大出版部）がある。

ダグラス・マグレガー（Douglas Murray McGregor, 1906-1964）は、「人間は生来怠け者で、強制され命令されなければ仕事をしないとするX理論」と、「生まれながらに嫌いということはなく、条件次第で責任を受け入れ、自ら進んで責任を取ろうとするY理論」を構築している。代表的な著書として、『企業の人間的側面 ― 統合と自己統制による経営（1966）』（産能大出版部）がある。

クリス・アージリス（Chris Argyris, 1923-2013）は、人間は成熟度に応じて、それぞれ成長の方向に向かい、みずからの欲求を表明し、労働の過程で自己実現を目指す「自己実現人」であると仮定し、組織の中の人間行動を説明した。代表的な著書として、『新訳　組織とパーソナリティーシステムと個人との葛藤（1966）』（日本能率協会）がある。

フレディック・ハーズバーグ（Frederick Herzberg, 1923-2000）は、人間には2種類の欲求があり、苦痛を避けようとする動物的な欲求と、心理的に成長しようとする人間的欲求という別々の欲求があるとし、「満足」に関わる要因（動機付け要因）と「不満足」に関わる要因（衛生要因）は別のものであるとする考え方である。代表的な著書として、『仕事と人間性　動機づけ―衛生理論の新展開（1981）』（東洋経済新報社）がある。

レンシス・リッカート（Rensis Likert, 1903-1981）は、組織をシステムとして捉え、リーダーシップに関わる管理システムを、「システム1：権威主義・専制型」、「システム2：温情・専制型」、「システム3：参画協調型」、「システム4：民主主義型」と4つに分類し規定した。特に、民主主義型のシステム4

を採用している経営組織の業績が最も高いとしている。代表的な著書として、『経営の行動科学（1964）』（ダイヤモンド社）がある。

　近代派のその他の代表としては、サイモンである。

　ハーバード・サイモン（Herbert Alexander Simon, 1916-2001）は、1978年にノーベル経済学賞を受賞した人物でもある。企業活動にとって最も重要な事は意思の決定であるとしている。そして、意思決定はどう行われているかを研究している。ただし、完璧な意思決定をできる経営者は存在しないことを説明し、完璧な意思決定ではなく、意思決定の合理性を高めることを主張している。代表的な著書として、『経営行動（1965）』（ダイヤモンド社）がある。

参考文献
井原久光著『テキスト経営学［第 3 版］』ミネルヴァ書房、2008年。
岡本康雄編著『現代経営学辞典　三訂版』同文館出版、2003年。
北野利信編『経営学説入門』有斐閣新書、1977年。
経営学史学会編『経営学の現在』文眞堂、2007年。
裴富吉著『経営学講義　理論と体系』白桃書房、1993年。

第2章　企業形態

第1節　企業の目的

　経営学の目的の１つに、組織の運営について研究する領域がある。そのために、社会に企業の形態を知ることは、組織の運営を理解するうえで重要だといえる。本章では、日本の法律において企業に分類される組織の企業について知ることを目的としている。

　企業の目的は、直感的には利益を上げることのように思われる。しかし、実際には、P.ドラッカーは、企業の目的を「社会貢献」だとしており、その活動の継続のために利益があるとしている。企業の目的は、利益を上げることだけにあるのではなく、社会の公器として市場に存在する顧客から満足を獲得し、

図表2－1　企業の目的

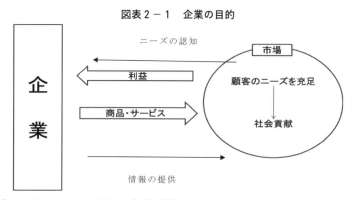

出所：P.ドラッカー（2001）を参考に筆者作成。

その結果利益を得て企業が存続・発展することになる。これらの一連の流れを繰り返すことにより、企業が拡大し延いては、社会経済が発展することになる。

多くの場合[1)]、企業の利潤が最大化されるのは市場に存在するニーズを把握し、適切な商品やサービスを過不足なく生産し、供給することである。存続した企業は、商品やサービスを市場に供給することで社会貢献を果たし、社会経済をより豊かなものとする。

第2節　企業の社会的責任

企業が事業をおこない社会の公器として機能するためには、多くステークホルダーとの関係が重要である。ステークホルダーは企業活動により影響を受ける人や団体を指し、顧客だけではなく、従業員や関連企業、公共団体や地域住民など多種多様にわたる。特に、2000年代以降、企業とステークホルダーとのよりよい関係を目指す企業活動は企業の社会的責任（CSR）の必要性が広く認知されるようになった。

図表2－2　企業と主なステークホルダー

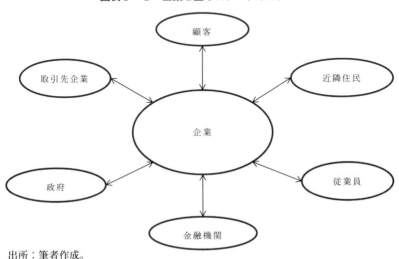

出所：筆者作成。

　次に、図表 2 − 3 で近年のCSRを概念化したものを示す。CSRの事例として広く認識されるメセナ活動などは、企業の利益とは無関係な慈善事業であるため、慈善事業だというイメージがつきまとう。しかし、実際に企業が果たすべきCSRは、人権への配慮や企業ガバナンス、取引先企業との健全な関係の構築、適切な情報公開など、多様な内容が内包される概念である。

図表 2 − 3　CSRの概念図

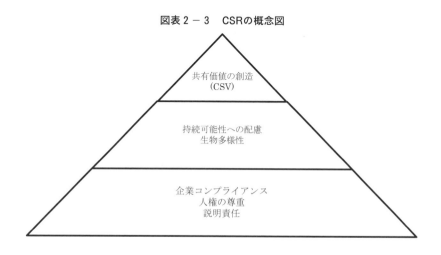

　企業が、存続し発展するためには社会の公器としての使命を果たし、ステークホルダーとの良好な関係を構築する必要がある。

第 3 節　企業の形態

　日本に存在する企業の形態は、図表 2 − 4 に整理できる。大きく分けると、原則的に経済的な利益を追求しそれにより社会の公器としての機能を果たす私企業と、社会的利益を追求する公企業に分けることができる。近年、私企業でありながら非営利で行動し、社会的利益を追求する特定非営利法人（NPO法人）が広く全国で活動している。ここでは、私企業に注目し各企業形態の特徴を示す。

1．株式会社

　株式会社は、社員権（以下、株式）を発行し投資家から資金を調達し事業活動を行う企業である。Kraakman等（2004）等は、米、欧、日の株式会社の制度を比較検討し、以下の4項目を株式会社の特徴としてあげている。①法人格を有すること、②出資者（株主）の有限責任、③持分の自由譲渡性、④取締役会への経営権の委任を通じた所有と経営の分離、⑤株主による保有をあげている。

①法人格を有することは、事業を行う上では、権利と義務を負う能力が認められなければならない。法人は個人と同じく法律上の人格権を認められている。図表2−4にあげた企業は全て法人格を有しており、企業名で契約関係を結ぶことが可能になっている。

②株主の責任が有限である必要性は、株式会社が誕生[2]した背景は、企業活動が大規模化、広域化したことにより、少数の資本家では企業活動の際のリスクが増大し責を負いきれなくなる事から経済活動が滞る危険性があった。そのため、一部の例外を除き、出資者の責任が及ぶ範囲を、自身が保有する株購入代金に限定している。

図表2−4　日本における主な企業形態

私企業	個人	個人事業主		
	共同企業	会社企業	株式会社	
			持合会社	合名会社
				合資会社
				合同会社
		組合企業	農業共同組合、漁業共同組合など	
		特定活動非営利法人	NPO法人	
公企業	国営企業		日本では現存せず	
	地方公営企業		公営交通、上下水道など	
	特殊法人		独立行政法人、許可法人、特別民間法人	

③持分の自由譲渡性が意味するのは、通常、資本家の保有する株券は金融市場等を通じ自由な売買が保証されている。

④所有と経営の分離は、多数の株主の存在する企業では、経営方針などにおいて、合意の形成などが難しく、多数の株主による直接経営ではなく専門的経営者を選任し経営を委任することが合理的となった。そのため、所有と経営の分離がおこなわれ、株主会議等を通じて専門的経営者を選任し、株主は直接経営をおこなわない。

⑤株主による保有とは、株主が株式会社の経営陣の選任や経営上重要な事項を承認する権利である。また、株式会社の純利益は株主に帰属し、同時に損失についても株価の下落や無配当などのリスクも負っている事から法学的な知見からは株式会社は株主に所有されていると解釈される。

2．合名会社、合資会社

　合名会社は、会社法が想定する最も原始的な形態で、2006年の会社法施行により、従業員数が1名であっても設立することが可能になった。従業員は出資と業務の双方を行う機能資本家が従業員であるため、所有と経営が分離していない。機能資本家は合名企業に無限責任を負うため、出資した資本以上の負債が発生した場合、全ての負債を返済する義務が生じる。

　一方、合資会社は、合名会社に有限責任を負う従業員を加えた企業形態である。そのため、企業内に無限責任が発生する機能資本家と、有限責任が生じる従業員双方が存在する。

3．合同会社

　合同会社（日本版LCC）とは、2006年の会社法施行時に新たに追加された形態で、米国のLCCをモデルにしている。機能資本家による起業を想定しているなど、合名会社に類似するが、機能資本家を含む全ての従業員を有限責任としている点が異なる。米国LCCでは、機能資本家の所得にのみ課税し、法人の所得に課税しないパス・スルー制度が用いられるが、合同会社では法人の所

16

得に対しても課税がおこなわれる[3]。2006年の会社法施行により新規の設立が認められなくなった有限会社の代替手段として、小規模事業者の法人設立に用いられることが増えている。

第4節　企業の目的と責任

　企業の目的と責任について、2006年の会社法施行以降の企業形態を特に私企業を中心に概説した。企業の原則的な目的は、経済的な利益の獲得にある。しかし一方で、ステークホルダーとの関係性を通して、社会の公器としての役割が重要である事は疑いなく、企業の存続と成長のためには必要不可欠である。

　現行の会社法が想定する企業形態についての詳細な内容は、それらを専門的に扱う文献などで確認して欲しい。

注
1）会社の存続や発展を考えない場合や、不完全競争市場においては、顧客のニーズを充足しきらないことが利潤最大化のために合理的となることもある。
2）世界初の株式会社はオランダ東インド会社であるとされている。当時欧州と東南アジア諸国との航海や取引には多大なリスクが伴った。
3）現行の会社法において、パス・スルー課税を用いる類似の形態としては、有限責任事業組合が存在する。

参考文献
P. Drucker（1993）*"Management: Tasks, Responsibilities, Practices"* Harper Business.
R.Kraakman,J.Armour, P.Davies, L.Enriques, H.Hansmann（2004）*"The Anatomy of Corporate Law:A Comparative and Functional Approach."* Oxford University Press.

第3章　企業の社会的責任

第1節　企業の社会的責任への注目

　企業の社会的責任（Corporate Social Responsibility：CSR）の議論が活発化したのは最近のことではない。1960年代、重化学工業を中心に多くの産業が大きく進展した。しかし、この高度経済成長は大気汚染、土壌汚染、水質汚濁などの公害をもたらした。企業のほとんどは1970年代になってからも利益最優先（最大利益の追求）が根底にあり、公害、欠陥商品などの問題はさらに拡大した。この時代の企業は、環境や地域住民への配慮が欠落していたことや、たとえ問題を認識したとしても隠蔽することも珍しいことではなかった。そのため、環境や地域住民、従業員、取引関係者などにまで悪影響を及ぼすことになった。この時代の解決方法の1つは企業に対する罰則規定であり、基本的には罰金を支払うことであった。

　この時代には次の2つの活動が一時的に活発化したことが特徴である。

①メセナ（mecenat）

　企業による社会貢献活動の総称で、特に芸術、文化への支援活動に対する支援を指す。

②フィランソロピー（philanthropy）

　企業の社会的な公益活動全般を指す。具体的には公益目的の寄付行為や慈善事業、地域社会におけるボランティア活動などがある。

　しかし、高度経済成長期が終わり、景気の低迷を繰り返すうちに企業の社会

的責任の議論も落ち着いていくことになった。

　この議論が再び活発化したのは1990年代である。その背景には企業の不祥事が度重なったことがあげられる。その内容は、製品・サービス、環境、雇用問題、人権問題、貿易、企業間取引、会計処理といったものまで多岐にわたるところが従来との違いである。さらには、ステークホルダーが、財務状況だけでなくコーポレート・ガバナンス（Corporate Governance：企業統治）[1]や社会貢献、NPO／NGOやインターネットなどから情報を得やすくなったことで、企業として社会的責任を意識せざるを得なくなったことがあげられる。

第2節　企業の社会的責任の定義と企業の社会的責任の在り方

　まず、企業の社会的責任の考え方として代表的なものを取り上げておく。キャロル（Archie B. Carroll）は、企業の社会的責任は図表3－1に示すような下から積み上げられる階層構造になっていると説明している。

　このモデルは全体構造が大まかに図示されているため理解しやすい。その一方で、経済的責任、法的責任、道徳的責任、フィランソロピー的責任という4つの階層（区分）には複数の階層にまたがるものも多いといえる。具体的な指摘として、宮坂純一は「例えば、企業に経済性だけでなく社会性も求めるという流れがあり、"社会的"＝"非経済的"という理解が一般化しているのに、このモデルでは経済的責任も社会的責任に含まれており、矛盾していないのか？（中略）社会的責任の具体的内容が曖昧である。」と述べている。

　主要な4つの責任（区分）が理解できたところで、企業の社会的責任についての定義をする。これまでさまざまな定義がされてきたが、薄上二郎は次のように定義している。「CSRとは、企業が法律を遵守し、また高い倫理観をもって、社会的・経済的影響および環境に配慮し活動すること、ステークホルダー（株主、従業員、顧客、地域社会など）の利益を尊重すること、社会の一員として社会に貢献し得る企業活動をし、企業価値を高めることである。」

図表 3 - 1　キャロルのCSRピラミッドモデル

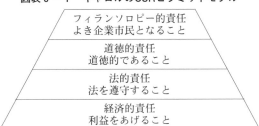

フィランソロピー的責任
よき企業市民となること

道徳的責任
道徳的であること

法的責任
法を遵守すること

経済的責任
利益をあげること

出所：Archie B. Carroll *Pyramid of Corporate Social Responsibility*, Business Horizons, 1991.

では、企業の社会的責任はいったいどうあるべきかを考える。

経済の構成要素にはさまざまな組織があるが、その主体となるものが、政府・企業・家計という3つの経済主体と呼ばれるものである。企業は、主に製品・サービスの生産活動をおこなうわけであるが、その活動における基本は社会生活に求められる製品・サービスの提供をすることにある。そうでなければ、資源を無駄にし、従業員や取引関係などの雇用を縮小させることなって社会的責任を果たしているとはいえない。今日のような競争の激しい時代ではそのような企業はすぐに淘汰されてしまう。同業種だけでなく業種を問わない提携、技術革新（イノベーション）地域との連携など、あらゆる戦略や手法によって新たな価値を生み出そうとする姿勢と活動は社会的責任に必要である。

第3節　CSRと業績の関係

しかし、CSRを意識した活動は、必ずしも収益目標の達成に近づくとは限らない。それは企業が社会的責任を果たそうとするにあたりコストがかかるためである。名目上は「適正利益」を目指すべき民間企業であるが、実際のところ従来通りの「最大利益の追求」に捉われる企業が多いと思われる。利益を上げることに必死な状況におかれている企業であれば致し方ないことである。こうしたことから生まれた考え方がCSV（Creating Shared Value：共通価値の創

造）である。これは、ポーター（M.E Porter）が提唱した概念で、「経済的価値を創造しながら、社会的ニーズに対応することで社会的価値も創造する」というアプローチである。

　これまで、CSRをいかにして業績に結び付けるかという研究は数多くされてきた。その中には、CSRは企業収益に貢献するという研究結果も多く出ている。

　この理由について、経営学の観点から主に以下の 2 つの説明ができる[2]。

①CSR活動は、周囲のステークホルダーからの評価を高め、それが高業績につながる。

・CSRが顧客に評価されれば、顧客はその企業製品を積極的に買うかもしれない。

・それをきっかけにより企業としての魅力を与え、優れた人材の獲得につながる可能性もある。

・行政のサポートが得やすくなる可能性も考えられる。

②CSRは自社の人材強化に繋がる。

・CSR活動を通じて多様なステークホルダーと交流することになるため、従業員や管理職の知見が広がる。

・CSR活動をすると社会全体のことを考えるようになるので、経営者・管理職が将来を見通す力を養える。

　これらがすぐに業績に反映することは難しいが、長期的視点では結果として企業競争力の強化につながると期待できる。

第 4 節　CSRマネジメント

　今後も企業は、CSRを強く意識し、それをマネジメント（管理）していく必要がある。持続可能な組織のためにもそれは不可欠である。

　薄上二郎は、グローバルレベルのCSRマネジメントを推進するための重要なポイントとして次の 5 つをあげている[3]。

　①経営理念や経営戦略のなかに、環境や社会・人権との関わりの重要性を位

置づける。

②企業と社会との関わりの重要性に対する意識を、グローバルレベルで構成
　メンバー全員に浸透させる。

③グローバルレベルでCSRの実施体制および責任体制を構築・強化する。

④外部の専門家やNPO／NGO、中立的な機関（国際機関など）と連携して
　CSR活動を推進する。

⑤マイナスの情報も含めて、CSRに関わる情報を定期的に開示する。

注

1）長年の経緯からすれば「会社（企業）は経営者のもの」という考えから「資本を投
　下している投資家（株主）のもの」という考えへと変わった。さらにそれは「社会の
　もの」という解釈までもある。本書では、コーポレート・ガバナンスを「企業は株主
　のものという一般的な考えのもとで企業経営を監視する仕組み」と説明しておく。

2）ビジネスオンライン2014年7月29日掲載を要約。（https://business.nikkei.com/
　atcl/seminar/19/00059/083000169/　2021年2月1日取得）

3）薄上二郎『テキスト経営学入門－研究方法論から企業のグローバル展開まで－』中
　央経済社、2007年、254頁。

参考文献

薄上二郎『テキスト経営学入門－研究方法論から企業のグローバル展開まで－』中央経
　済社、2007年。

水野清文編著『現代経営学の構図』、2020年。

宮坂純一・水野清文編著『現代経営学』五絃舎、2017年。

ビジネスオンライン2014年7月29日掲載。（https://business.nikkei.com/atcl/seminar
　/19/00059/083000169/　2021年2月1日取得）

Archie B. Carroll *Pyramid of Corporate Social Responsibility*, Business Horizons,
　1991.

第4章 経営学説 前編

第1節 経営の主要な学説の要点と整理（前編）

　経営学が必要とされた理由は、産業革命による大規模な工場の出現によって、経営者と労働者がはっきりと役割を分けることになり、経営者が、労働者に一定の仕事をさせる役割としての管理が必要になったからである。

　大規模工場における管理の考え方は、アメリカにおいて経営学の父と呼ばれるテイラーによって登場した。労働者の工場における作業効率や生産性向上のための研究に関する取り組みが始まりである。それをきっかけに、経営者が労働者を管理する能力や管理技術の研究が進んだ。

　その新たな管理方法として、必ず知っておかなければならない学説として、効率的な生産体制を築くことを追求したテイラー、従業員の「やる気」すなわち「動機」を追求したメイヨーとレスリスバーガー、アージリス、マグレガー、ハーズバーグ、リッカート、近代経営学の生みの親とされるバーナード、意思決定論のサイモンなどがある。

　本章では、テイラー、メイヨーとレスリスバーガー、アージリス、マグレガーの学説についてみてみる。

第2節　テイラーの科学的管理法

　19世紀末のアメリカの大規模な工場でも、まだまだ、経営者は、経験と勘を頼りとする、経営者の気分によって行われるといっても過言ではない、成行管理が実施されていた。その影響から、大規模な工場においても従業員の組織的怠業が目立っていた。

　当時の経営者は、生産目標を達成すれば高い賃金を支払うというやり方で、従業員に「やる気」を出させていた。しかし、経営者はできるだけ賃金は抑えたい考えから、自然とその目標を高く設定した。そのおかげで、従業員は仕事の量が増えるだけで賃金は上がらず、目標を達成しても返って賃率が下がるという状況であった。そのような状況では、従業員は働くと生産量が増え目標が上がるが賃金は下がってしまう。すると、ほどほどに働けばいいと思い、みんなでゆっくり作業をするようになる。このような従業員の行為を組織的怠業と呼ぶ。

　この組織的怠業の解決に乗り出したのがテイラー[1]である。テイラーは、工場で働く中で、この組織的怠業を目の当たりにした。そこで、この組織的怠業をなくすためには、「作業量」「賃率」「作業方法」などを、誰もが納得のいく科学的な方法で決めなければと考えたのであった。この考え方は、当時では斬新的な考え方であった。その考え方をもとに、テイラーは科学的管理法を提案した。この考えは、後々の生産管理にとって重要とされる。

　その科学的管理法で中心になっているのが「課業」という考え方である。「課業」とは、従業員が1日に行う目標作業量のことである。この「課業」を決めるときにテイラーは、「動作研究」と「時間研究」という当時では科学的とされる方法を使った。

　「動作研究」とは、労働者が行う作業を「観察」「記録」「分析」し、できる限り無駄な動作を排除し、最も効率的な標準動作を定める研究のことである。

　「時間研究」とは、労働者が行う作業に必要な動作を細かく分解し、各動作

に必要とする時間を計測し、その作業に必要とされる標準時間を定める研究のことである。

　すなわち、「動作研究」によって、能率よく作業ができる標準作業方法を決め、「時間研究」によって、標準作業方法にかかる時間を計り、これを標準作業時間とした。

　テイラーは、「課業」にもとづいて管理する「課業管理」も進め、基本原則として、①毎日の「課業」をハイレベルに設定、②同じ作業条件、③「課業」を達成すれば高賃金、④「課業」を達成できなかったら低賃金と決めた。

　当然であるが、「課業」を達成できた従業員と、達成できなかった従業員では、適用される賃率が違った差別出来高給制度を導入する。

　テイラーはこの科学的な方法をとり、従来の経営者の経験や勘に頼った管理から発生した組織的怠業を解決した。

　ただし、当時の経営者の従業員に対する管理能力がまだまだ高くなかったために、テイラーの考えた科学的管理法は、違った意味で従業員を苦しめる状況が発生した。

　その後に判明していくが、テイラーの科学的管理法は素晴らしい考え方であったとしても、当時の経営者には管理能力の重要性が、まだまだ理解されていなかった。

第3節　メイヨーとレスリスバーガーの人間関係論

　1927年から1932年にかけて、ホーソン工場では、照明を変化させたグループと変化させないグループを対象に、照明実験を実施した。この実験では、照明が明るくなれば、それだけ生産量が上がるだろうと想定されていたが、どちらも生産性の向上がみられたのである。

　この驚くべき結果に実験メンバーは、ホーソン工場での実験をさらに拡大した。照明実験では、単に技術的、物理的な条件の変化だけではなく、人間の内面にまで踏み込んだ分析が必要と考えられた。そのような理由から、専門家の

メイヨーとレスリスバーガー[2]の協力を仰ぐことになった。

　電話用継電器組み立ての流れ作業に従事する女性の工員を何名か選び、さまざまな作業の条件を変更しながら26ヵ月にわたって実験がおこなわれた。このような場合、一般的には突然の環境変化という心理的な衝動により、工具の生産量は低くなると予想されたが、結果は最高の生産量を示すことになった。

　照明実験結果は驚くべきもので、日を重ねるごとに生産量は右肩上がりになった。つまり作業条件をどのように変更しても、無関係に生産量は上昇した。

　ではなぜ、作業条件を変えても生産量は影響を受けなかったのか。それは、女性工員たちが持っていた「選ばれている」という感覚が生産量に影響を与え、また、選ばれた作業集団の一員という意識を個々のメンバーが持つことにより、一体感や達成感をもたらし、そのような満足感がさらに生産量を高めるように作用したからである。

　これは、人間の感情を排除している機械的人間観にもとづいた科学的管理法では、全く発想されなかった。この実験によって、人間の心理的側面と内面的側面の重要性が初めて指摘された。つまり、人間の心理的側面と内面的側面を重要視した新たな組織理論と管理論の必要性が高くなった。

　このホーソン工場の実験では、「物理的作業条件と作業能率との間には、従業員の感情や意欲といった主観的な態度があり、これが大きく影響している」「この主観的な態度は、自然的発生的に生じる非公式的な人間関係、いわゆる非公式集団の集団規模の影響を大きく受ける」「この集団規模が企業の組織目標をサポートするのであれば、生産性の向上につながる」「非公式集団の人間関係の良し悪しや集団規模の内容は、管理者の管理行動の良し悪しに大いに依存している」という4つの結果がでた。

　ホーソン工場での実験結果では、科学的管理法が主張している当初の仮説は証明できなかったが、組織に所属する従業員のやる気が自然と発生すれば、必ず生産量を高めるということを発見したことが大きな成果であった。

　ただし、組織に所属する従業員にやる気という空気よりも、さぼらせようとする空気が発生すれば、逆に生産量が落ち込むといえる。

第 4 節　アージリスの人と組織の理論

　ほとんどの経営者はまだまだ、従来、人間は機械と同じで、命令をしなけれ
ば働かないものだと考えられていた。しかし、アージリス[3]は、本来、「人間
が成長しないはずはない」「従来の考えでは従業員のやる気がでない」と考え、
従業員の動機づけの研究をした。

　アージリスは、人間は精神的に成熟し、成長したいという自己実現欲求は強
くなるものだと考えた。企業では、従業員は、そもそも上司のいいなりに働く
人間であり、命令しなければ働かない。さらには、手取り足取り教えなければ
仕事もできないという考えがあった。それは、従業員は自ら成長することがな
いと考えていたからである。つまり、企業と従業員の望んでいることが違い、
従業員は組織から押さえつけや命令などで自分のしたいことができず、「やる
気」を失うというわけである。これでは、当然であるが能率も悪くなり業績も
下がる。

　そのような状況からアージリスは、組織で働くことが個人的な成長につなが
るような環境を作ることが大切だと考え、「職務拡大」と「参加的リーダーシッ
プ」の 2 つを提案した。

　「職務拡大」とは、担当する職務の種類を増やし、まとまりのある仕事にす
る。1 つの物をつくる時、つくる過程の 1 部だけを担当させるのではなく、担
当を拡大することで従業員は、充実感や達成感を味わうことができ動機づけが
促進される。

　「参加的リーダーシップ」とは、目標の設定や仕事のやり方の決定、業績の
評価などといった管理プロセスに従業員を参加させる。管理をおこなうには長
期的な視点、主体的な行動、自己管理などが必要である。従業員は管理プロセ
スに参加することで能力を身につけ、その能力を発揮できる。

　この 2 つは個人に成長の機会を与え、「やる気」を促進するというものだが、
アージリスは組織も従業員と同様に成長し、学習しなければならないと考えて

いる。

　組織の学習タイプには、「組織の目標や規則などは変更しないで問題を解決しようとするシングルループ学習」と「問題解決に必要だったら目標や規則などの変更もいとわないダブルループ学習」の２種類がある。現代のように環境変化が激しい時代には、シングルループ学習よりもダブルループ学習が重要であるとアージリスは考えていた。

第５節　マグレガーのＸＹ理論

　マズローの欲求階級説（図表４－１）のような考え方を、Ｘ理論（性悪説）とＹ理論（性善説）の仮説によって、経営管理向けに適用したのがマグレガー[4]である。

　Ｘ理論（性悪説）とは、「普通の人は、生まれつき仕事が嫌いで、できることなら仕事はしたくない」「仕事を嫌う性質のために、強制・統制・命令されたり、処罰などで脅されたりしなければ企業目的達成のために十分な力を発揮しない」「普通の人は命令されるほうが好きで、責任を回避したがり、あまり野心をもたず、何よりも安全を望んでいる」と、３つの人間観にもとづく伝統的な管理の理論である。

　Ｘ理論（性悪説）では、このような人間観を前提に、現在の企業経営管理に深い作用を及ぼし、人間がより高い欲求の満足を求めると、Ｘ理論（性悪説）では人間の動機づけを先に進めることができないと説明されている。

　Ｙ理論（性善説）とは、「人は仕事が嫌いではなく、条件次第で、仕事は満足の源泉にも懲罰の源泉にもなる」「人は自分が進んで献身した目標のためには、自らにムチ打って働くものである」「献身的に目標達成に尽くすかどうかは、それを達成して得る報酬次第である」「条件次第では、人は自ら進んで責任を取ろうとする」「企業内の問題を解決しようと比較的高度な想像力を駆使し、手練を尽くし、創造工夫をこらす能力は、たいていの人に備わっているものであり、一部の人だけのものではない」「現代の企業では日常従業員の知的

能力のほんの一部しか生かされていない」と、6つの人間観を前提とする。より人間的側面を重視し、高い欲求の充足をはかる必要があると指摘している。

X理論（性悪説）では、人間を本来は怠け者であるとし、「階級原則」と権限行使による、命令・統制でしか管理できないという考えである。

Y理論（性善説）では、従業員が企業の繁栄のために努力することによって、各自の目標を最高に成し遂げられる条件を提供する考えである。

Y理論（性善説）は、人間には成長・発展する可能性があり、状況に即応した手段をとる必要があるとし、人間は元来怠けや無関心なものではない。その原因が管理者であり、管理者は従業員が力を発揮できる条件を作ることが重要としている。

図表4－1 マズローの欲求階級説

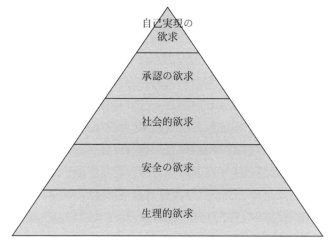

出所：筆者作成。

注

1）テイラーの科学的管理法に関しては、以下の文献を参考にしている。

テイラー著 上野陽一訳・編『科学的管理法』産業能率学短期大学出版部、1969年。

2）メイヨーとレスリスバーガーの人間関係論に関しては、以下の文献を参考にしている。

　メイヨー著　村本栄一訳『新訳産業文明における人間問題』日本能率協会、1967年。
桜井信行著『新版人間関係と経営者』経林書房，1971年。
　レスリスバーガー 著　野田一夫 ・川村欣也訳『経営と勤労意欲』ダイヤモンド社、
1965年。
3 ）アージリスの人と組織の理論に関しては、以下の文献を参考にしている。
　アージリス著　伊吹山太郎、中村実 訳『組織とパーソナリティー　システムと個人
の葛藤』日本能率協会社、1970年。
4 ）マグレガーのＸＹ理論に関しては、以下の文献を参考にしている。
　マグレガー著　高橋達男訳『新訳版　企業の人間的側面』産業能率学短期大学出版部、
1970年。

第5章 経営学説 後編

第1節 経営の主要な学説の要点と整理（後編）

　新たな管理方法として、必ず知っておかなければならない学説として、効率的な生産体制を築くことを追求したテイラー、従業員の「やる気」すなわち「動機」を追求したメイヨーとレスリスバーガー、アージリス、マグレガー、ハーズバーグ、リッカート、近代経営学の生みの親とされるバーナード、意思決定論のサイモンなどがある。

　本章では、第4章では紹介できていない、ハーズバーグ、リッカート、バーナード、サイモンの学説と、シャインの学説の中心にある複雑人モデルについてみてみる。

第2節 ハーズバーグの職務満足理論

　ハーズバーグ[1]の理論は、人間は2つの欲求をもつという考え方にもとづく。

　1つは、苦痛を避けたいという欲求である。もう1つは、精神的に成長したいという欲求で自己実現欲求にあたる。

　ハーズバーグは、会計士と技師を対象にして、不満や満足をもたらす仕事上の要因について調査をした。この調査で、「不満と満足の要因は、全く異なっていること」、「不満は職場環境、満足は職務内容に関する要因であること」の2つがわかった。

　この調査で不満を感じたのは、職場環境に関する要因で、これらは生理的欲求や安全欲求などを満たすだけである。そのため改善されても従業員をやる気にさせることはできない。このような不満を防止する働きを持っている要因を衛生要因と呼んだ。

　一方、不満をもたらした要因は、どれも職務内容に関連したものだった。この不満の要因を動機づけ要因と呼んだ。この動機づけ要因に働きかけて仕事が面白いものであれば、従業員はやる気になる。

　ハーズバーグの理論は、2つの要因の名称をとって、「動機づけ－衛生理論」と名づけられた。この理論では、従業員に動機づけ要因を提供するための方法として職務充実を提案している。職務充実は、これまでの職務に管理的な要素、管理プロセスでいえば「プラン」と「チェック」の内容を付け加えることである。従業員は、ただ命令されて仕事をするのではなく、彼ら自身が管理をすることが、自己実現欲求を満足させることにつながり、やる気を引き出すことができる。また、職務充実が「管理」というこれまでよりも難しい職務を付け加えるのとは違い、職務拡大によって、職務の種類を増やす方法もある。

第3節　リッカートの4つの管理システム

　リッカート[2]は、多くの組織を分析した結果、一般的におこなわれている管理のスタイルが大きく4つに分類されることを発見した。そこで発見した4つの管理スタイルは、システム1からシステム4と呼ばれる。

　システム1は、管理者は部下を信頼していない。意思決定や組織目標の決定はトップが行う。部下は恐れと脅し、懲罰と報償にもとづいて働かされている。統制機能はほとんどトップに集約されており、公式の組織目標に反抗する非公式組織が発生しやすい。

　システム2は、管理者は部下に対し、信用はするが恩着せがましさを隠そうとしない。たいていの意思決定や組織目標の設定はトップでおこなわれる。動機づけには褒章と懲罰を、統制機能は依然としてトップに集中している。非公

式組織は、必ずしも公式組織の目標に反抗するものではない。

　システム 3 は、管理者は部下に完全ではないがある程度の信頼を寄せている。だいたいの方針や一般的な決定はトップがおこなう。組織内で上下のコミュニケーションがおこなわれる。統制機能の大部分が下位に委譲されている。非公式組織が発生することもあるが、目標に協調したり、部分的に反抗したりすることもある。

　システム 4 は、管理者は部下を全面的に信頼・信用している。意思決定は組織全体でおこなわれ、うまく統合されている。コミュニケーションは、上下方向や同僚間でもおこなわれ、構成員は組織の目標決定にも参加が許されており、これによって動機づけられる。統制機能は、低位の職場単位まで完全に責任を分掌している。公式組織と非公式組織など、すべての社会的力が設定された組織目標の達成に向けられる。

　リッカートが研究した結果、高い生産性を達成している部署は、システム 4 のような相互の信用・信頼に基礎をおく管理スタイルが取られている組織である。

第 4 節　バーナードの協働理論

　バーナード[3] は「人間は自由な意思を持ち、自由に行動する」と考えて理論を組み立てていき、組織が出来上がる要素として、次の 3 つをあげている。

　1 つ目は、共通目的である。組織には目的がなければならない。目的が明確ならメンバーは組織のためにどんな協力をすればいいのかを理解でき、各人が分担して仕事をおこなうことができるようになる。組織のメンバーはその目的をしっかりと理解していることが大切である。

　2 つ目は、貢献意欲である。組織のメンバーは、組織のために頑張ろうとする意欲を持たなければならない。自分が働いた以上に褒美がもらえると意欲が保たれ、認められなかった場合に減少する。このように、組織から与えられる褒美が貢献意欲を引き出す役目をしている。

　３つ目は、コミュニケーションである。メンバーがそれぞれの考え方や意思、意見や情報を交換したりするために必要なことである。コミュニケーションは、組織の目的を理解させる役割や貢献意欲を高める役割もしている。

　さらに、３つの要素以外にも、「調整能力」が重要であることも述べている。

　バーナードは、組織を解散させずに維持していくためには、「内部均衡」と「外部均衡」が必要だと考えた。

　「内部均衡」とは、組織のメンバー意欲の減少や能率低下がおこらないように上の３つの要素をうまくバランスさせて、メンバーのやる気を引き出していくことである。

　「外部均衡」とは、組織の外側にある環境とのバランスである。組織の目的は外部環境とバランスがとれていなければならず、このバランスがとれていれば、組織は有効なものとなり、目的達成の可能性が高くなる。

　このように２つの均衡は、組織を維持していくためには大切な条件になる。組織の目的を成し遂げれば、メンバーに褒美を与えることができ、また、その褒美が貢献意欲を引き出すことになる。

第5節　サイモンの意思決定論

　サイモン[4]は、経営学の中心課題は意思決定であるとしている。人間は行動を起こす前に必ず意思決定をおこなってから行動すると考えた。また、サイモンは、バーナードの理論を受け継いで意思決定の仕組みを明らかにする取り組みをおこなった。

　サイモンは、意思決定プロセスとして、「情報活動→設計活動→選択活動→再検討活動」という流れから意思決定がおこなわれているとしている。

　情報活動とは、意思決定を行うために必要な情報を収集することであり、社内外からさまざまな情報を集めることである。その集めた情報を利用し問題点の原因を探る活動である。

　設計活動とは、集めた情報から、その問題を解決する方法としてどのような

方法やその対策案があるかを考えることである。そこでは、いろいろな方法や対策案がつくられる活動である。

　選択活動とは、複数の利用可能な案の中から、ある一つの案を選択する活動である。

　再検討活動とは、過去に行ってきた選択活動を再度検討する活動である。

　さらに、サイモンは、意思決定のタイプとして、「プログラム化できる意思決定（定型的意思決定）」と「プログラム化できない意思決定（非定型的意思決定）」があると区別している。

　プログラム化できる意思決定（定型的意思決定）とは、日常的に繰り返しおこなわれるような単純な意思決定であり、コンピュータの計算によりプログラムが可能な意思決定である。

　プログラム化できない意思決定（非定型的意思決定）とは、これまで経験したことがないような複雑でむずかしい意思決定であり、人間の勘や頭脳にたよらなければプログラム化が不可能な意思決定である。

　サイモンは、意思決定を行う上でどのような規準で意思決定するかを考える必要があり、すべての意思決定を行う状況において、完璧な意思決定を行うことは不可能であると考えている。そのような理由から、意思決定には、最適化原理による意思決定と、満足化原理による意思決定がある。

　最適化原理による意思決定とは、だれでもその意思決定に満足できる、唯一完全な意思決定のことである。

　満足化原理による意思決定とは、だれもがその意思決定に満足できておらず、すなわち、唯一完全な意思決定（これしかないという答え）がない場合、一定の基準を満たした複数の案の中から、その基準をクリアした案を一つ選ぶやり方である。

　サイモンは、マネジメントとは意思決定であるとし、現在のマネジメント論は意思決定論として大きく展開されている。その功績として、サイモンは、「経済組織における意思決定過程の先駆的研究」で、1978 年ノーベル経済学賞を受賞している人物でもある。

第6節　シャインの複雑人モデル

　組織からの影響を受けても決して失わないものを研究したのがシャイン[5]である。その研究の中でシャインは、経営学における人間モデルの変遷を、「経済人モデル」「社会人モデル」「自己実現人モデル」「複雑人モデル」の4つに類型している。

　「経済人モデル」とは、テイラーの提唱したモデルで、経済的報酬によって人々の行動は変わる考え方である。「社会人モデル」とは、メイヨーの提唱したモデルで、人は経済的報酬だけで動くのではなく、グループに属したいという欲求をもって行動する考え方である。「自己実現人モデル」とは、マズローの提唱したモデルで、人は他律的に行動するのではなく、自律的に行動し、自分らしく生きたいとの考えから行動をする考え方である。「複雑人モデル」とは、シャインの提唱したモデルで、人々の欲求の多様性と同じく、人間の中にある欲求の重層性を前提に人間を捉える考え方である。

　「複雑人モデル」は、単純に「経済的」「社会的」「自己実現的」な考えだけでは、人の動機づけは難しいとしている。すなわち、「経済的」「社会的」「自己実現的」だけに限定せず、家庭生活や地域生活、趣味等のさまざまな生活を視野に入れた、複雑で総合的で変化に富むものと捉え、人の動機づけを理解する方法として、「キャリア・アンカー」の考え方を示した。それには、①能力・才能（できること）、②欲求・欲望（やりたいこと）、③価値観（意義や幸福感を感じられること）の3つの要素があるとして、人の動機づけに大きな影響力を持っているとしている。

　さらに、シャインは、8つの領域である、①専門・職種別コンピタンス、②全般管理コンピタンス、③自律と独立、④保障や安定、⑤起業家的創造性、⑥奉仕や社会貢献、⑦純粋な挑戦、⑧生活様式、があると提唱している。

　この8つの領域で、もっとも大切にしたいもの、反対にそれほど重要視していないものから、重要視することと、重要視しないことの両面から考えること

で、自分の「キャリア・アンカー」を探ることができると述べている。

　「キャリア・アンカー」は、どちらかというと、自分の内面的な考え方である。しかし、実際に働くことによって、個人の希望だけを貫くことはできず、個人の要望と企業の要望等を調整する必要がある。自分の内面的な考え方だけでなく、外面的な考え方も必要であるとの考えから、この考え方を「キャリア・サバイバル」と定義している。

　「キャリア・サバイバル」には、①現在の職業と役割を棚卸しする、②環境の変化を識別する、③環境の変化が利害関係者の期待に与える影響を評価する、④職務と役割に対する影響を確認する、⑤職務要件を見直す、⑥職務と役割の戦略的プランニング・エクササイズの輪を広げる6つのステップがあるとしている。

　シャインは、キャリアを複雑かつ総合的で変化に富むものと考え、そのようなキャリアを読み説き、自己が納得してキャリアをデザインするための概念として、「キャリア・アンカー」、「キャリア・サバイバル」、「複雑人モデル」を提唱している。

注
1）ハーズバーグの職務満足理論に関しては、以下の文献を参考にしている。
　　ハーズバーグ著　北野利信訳『仕事と人間性―動機づけ―衛生理論の新展開』東洋経済新報社、1968年。
2）リッカートの4つの管理システムに関しては、以下の文献を参考にしている。
　　リッカート著　三隅二不二訳『経営の行動科学　新しいマネジメントの探求』ダイヤモンド社、1964年。
3．バーナードの協働理論に関しては、以下の文献を参考にしている。
　　バーナード著　山本・田杉・飯野訳『新訳　経営者の役割』ダイヤモンド社、1968年。
4）サイモンの意思決定論に関しては、以下の文献を参考にしている。
　　サイモン著　二村・桑田・高尾・西脇・高柳訳『新版　経営行動　経営組織における意思決定過程の研究』ダイヤモンド社、2009年。
5）シャインの経営学における人間モデルの変遷に関しては、以下の文献を参考にしている。
　　シャイン著　二村・三善訳『キャリア・ダイナミクス』白桃書房、1991年。

第6章　経営戦略

第1節　経営戦略とは

　経営戦略の議論がいち早く活発になったのは、第二次大戦後のアメリカである。「戦略」という用語はギリシャ語のstrategos（「将軍の技」の意味）からきており、元来は軍事学の用語であったといわれる[1]。それを経営戦略という用語としてはじめて用いたのはチャンドラー（Chandler, A.D.）である。彼は経営戦略を「企業の基本的長期目標の決定、とるべき行動方向の採択、これらの目標遂行に必要な資源の配分」[2]と定義している。他にも経営戦略の定義は様々あるが、それらを総評すると「企業を取り巻く環境の変化に対応しながら、企業（事業）の長期的な目標を達成するために、自社の経営資源を有効配分すること」と解釈できる。

第2節　経営戦略の系譜

　本節では、日本における1960年代以降の経営環境の変化と、それに伴う主要な経営戦略の系譜を整理する。

　1960年代は、高度経済成長期の真っ只中であり、この時代の特徴はつくれば売れる時代、つまり、生産者志向であった。オートメーション化やセルフサービス販売方式の導入により、大量生産・大量販売方式を実現した。この時代の主流の経営戦略は拡大化戦略であった。拡大化戦略とは、既存製品による市場

浸透をはかったり、新市場を開拓したりすることである。具体的には、製造企業であればオートメーション化による生産効率化や増産、卸売企業や小売企業であれば取引数量や取引地域の拡大である。ここで、アンゾフ（Ansoff, H.I.）がいう成長ベクトルの構成要素を図表 6 － 1 に示す。

図表 6 － 1　成長ベクトルの構成要素

製品 （ニーズ）＼使命	現	新
現	市場浸透力	製品開発
新	市場開発	多角化

出所：アンゾフ著／広田寿亮訳『企業戦略論』産能大出版部、1969年、137頁。

彼は製品と市場によって示される企業成長の方向性を成長ベクトルと呼んでいる。そして、製品と市場のそれぞれ新旧による組み合わせによって4つの企業成長の選択肢があるとしている。

①市場浸透力

現在の製品を現在の市場に浸透させる。生産量・仕入量・販売量を増加する。宣伝広告の強化により、新たな顧客をとり込むなどして、市場シェアの拡大を図る。

②市場開発

販売地域の拡大である。現在の市場での需要が飽和状態にある場合、効果的である。その際、新たな市場での需要や競合他社の存在、さらには自社の管理体制などを考慮する必要がある。

③製品開発

現在の市場に新たな製品を展開することである。現在の市場での自社の知名度や信頼をいかすことが期待できる。また、現行の流通経路、宣伝広告なども活用しやすい。

④多角化

新たな製品セグメントを導入する。製品開発と市場開発を同時に行うため最も大掛かりな計画になる。事業の拡大である。

日本の1960年代の経営戦略の主流は上記の①～③であったといえよう。

それが、1970年代になると、拡大化した企業は、多角化戦略へ推移していくことになった。同時に、多角化した事業活動の管理方法についても議論がなされるようになった。そのアプローチは、その時点での収益性を基準とするのではなく、自社の将来性、業界の将来性、競争優位性を見据えた資源配分を行うことを目的としたものであった。図表6－2に示したボストン・コンサルティング・グループ（Boston Consulting Group；BCG）のプロダクト・ポートフォリオ・マネジメント（Product Portfolio Management；以下、PPM）はその先駆けで、多角化した企業の全社的な事業管理として用いられる。

図表6－2　プロダクト・ポートフォリオ・マネジメント

市場成長率		相対的マーケットシェア	
		高	低
高		花形製品	問題児
低		金のなる木	負け犬

出所：アベグレン＋ボストン・コンサルティング・グループ編著
『ポートフォリオ戦略』プレジデント社、1977年、71頁。

PPMでは相対的マーケットシェアと市場成長率という2軸から各事業（あるいは各製品）を4つの象限に区分する。相対的マーケットシェアとは、その事業（あるいは製品）の市場における自社の競争上の地位を意味し、市場成長率とは、その事業の将来性（製品であれば製品ライフサイクル上の位置づけ）である。このマトリックスによる区分は資源配分の基準となる。4つの象限は、それぞれ次の特性がある。

【花形製品】

　相対的マーケットシェアも市場成長率も高い。収益が多い反面、成長のための資金需要も大きい。市場成長率が緩やかになれば、金のなる木になる。

【金のなる木】

　相対的マーケットシェアが高く、市場成長率が低い。低成長のためシェアの維持にかかる投資は少なくて済み、大きな収益を得ることができる。企業にとって主力事業となる。

【問題児】

　相対的マーケットシェアが低く、市場成長率が高い。成長率という意味では魅力的であるが、この時点での収益力がない。投資をすることで今後、収益力が高まり、将来の花型製品や金のなる木となる可能性もあるが、一方で投資を怠ると負け犬にならざるを得ない。それが問題児といわれる所以である。

【負け犬】

　相対的マーケットシェアも市場成長率も低い。今後に成長が期待できないため、投資の必要性がない。事業の撤退や合理化を考えるべきである。

　以上、4つの象限について説明したが、結論としては、市場成長率が低下した時点で「金のなる木」か「負け犬」のいずれかになる。そして、「金のなる木」になった場合のみが企業の資金創出源となるわけである。企業において、重要なことは資金をどの事業から調達し、その資金をどの事業へ配分するかが重要となる。それは事業部門別に考える事業戦略の前提として企業全体として考える全社戦略があるからだ。「金のなる木」から得た資金は将来の「金のなる木」が見込まれる「花形製品」や、「問題児」に投資される。

　1980年代になると、企業間競争は一段と激しさを増すことになる。従来は企業と企業との競争だったものが、多角化した企業では自社の特定事業と他社の特定事業との競争へと変化してきている。こうした理由から事業戦略は競争戦略とも呼ばれる。この時代に代表的な学説を唱えたのがポーター（Porter, M.E.）である。

　彼は、競争戦略としての基本戦略を、①コスト・リーダーシップ戦略、②差

別化戦略、③集中戦略という 3 つから構成されるとした。

①コスト・リーダーシップ戦略

　零細顧客との取引を避けるR&D、サービス、セールスマン、広告などのコストを切り詰めることで競合他社よりも低価格で販売し、市場シェアを拡大する戦略。

②差別化戦略

　自社の製品・サービスが製品設計や機能、品質、ブランド、技術、アフターサービス等の要素で魅力をつける戦略。

③集中戦略

　特定の顧客や特定の市場といった狭いターゲットに対して資源を集中する戦略。限られた資源を用いる場合にとられる戦略。

　一般的には、コスト・リーダーシップ戦略と差別化戦略の両立は難しいとされる。しかし、特定の狭い市場に絞った集中戦略はその両立が可能となる。

　1990年代に入ると、競争優位性の持続が着目されるようになった。こうした中で、ハメルとプラハラード（Hamel, G. & Prahalad, C.K.）が提唱したコア・コンピタンス（企業の中核能力）経営は資源ベース論は持続的経営の根源となる考えとして今日に至るまで影響を与えることになった。

第 3 節　M&A

　時代の経過とともに、企業は拡大化、多角化などによる成長がみられたが、その他の手段としてM&A（Merger & Acquisition）がある。これは自社の不足を補う方法として手っ取り早い方法であり、それは次の 4 つに大別できる。

①企業の合併

　吸収合併と新設合併（対等合併）がある。吸収合併は、例えばA社がB社を吸収する場合、法人格はA社のみが存続する（社名はA社となる）。多くの場合、大企業が中小企業を吸収する。これに対して新設合併（対等合併）は、最初に手続上、新設企業X社を新設し、既存のA社とB社をX社に吸収するという方

法である（社名はX社となる）。

②**株式の取得**

　取引市場で買う場合、公開買付け（Take‐Over Bid；TOB）、相対取引、株式交換がある。公開買付けとは、買付け期間、買取り株数、買取り価格を公告することで、不特定多数の株主から株式を買い集める制度である。相対取引とは、取引所を介さず、売り手と買い手の間で交渉する取引方法である。株式交換とは、相手株を取得する際に、現金ではなく、自社株と交換する方法である。

③**経営統合**

　複数の企業が持株会社を設立し、その子会社となることである。それぞれの企業の法人格は維持される。2000年以降、特に頻繁におこなわれているグループ化はこれにあたる。グループ経営は、グループ内部の複数の企業が互いに協力し合うもので、製品開発や顧客共有などといった業務提携、グループ企業の株式を互いに共有する資本提携などの実現がしやすいことがメリットである。

④**資産取得**

　他社の事業部を買い取ることである。「選択と集中」の代表的なものといえる。

第4節　経営戦略の策定と仕組み

　本節では経営戦略の策定プロセスについて説明する。経営戦略策定の基本的なプロセスは図表6－3のとおりである。

図表6－3　経営戦略策定のプロセス

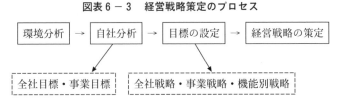

出所：筆者作成。

【環境分析】

　国際関係、政治、経済、人口統計、需要の変化、競合他社の分析等といった自社を取り巻く環境の分析をする。

【自社分析】

　自社の経営資源について分析を行う。経営資源とはヒト・カネ・モノ等である。この分析ができていないと次のプロセスの企業目標の設定ができない。

【目標の設定】

　ここでいう目標とは長期的目標を意味する。なお、経営戦略の策定プロセスに企業目標の設定を含めない（図表 6 − 3 でいう「経営戦略の策定」のみ）という経営学者もいるが、経営戦略は企業（事業）の長期的な目標を達成するために、自社の経営資源を有効配分することであるため、本書では、目標の設定に必要な環境分析から経営戦略の策定までを含める。

【経営戦略の策定】

　経営戦略には階層別に 3 つのレベルがあり、それぞれで経営戦略が策定される。3 つのレベルとは、全社戦略（企業戦略）、事業戦略、機能別戦略である（図表 6 − 4）。

図表 6 − 4　経営戦略の仕組み

出所：石井淳蔵・奥村昭博、加護野忠男、野中郁次郎著『経営戦略論』1985年、
　　　11頁をもとに筆者作成。

　全社戦略（企業戦略）は、企業全体としてどのような事業分野で行動すべきかについての戦略である。経営戦略の構成要素としては、活動領域の選択と事業間の資源展開である。事業戦略は、特定事業でいかに競争するかという戦略である。経営戦略の構成要素としては、資源展開と競争優位性である。事業部を１つしかもたない場合は、全社戦略＝事業戦略となる。機能別戦略は、資源の有効活用に関する戦略である。経営戦略の構成要素としては、資源展開とシナジー（相乗効果）である。生産、研究開発、人事、財務、マーケティングなどについて策定される。手順としては、通常、企業戦略→事業戦略→機能別戦略の順に決められていく。

注
１）ガルブレイス＆ネサンソン著／岸田民樹訳『経営戦略と組織デザイン』白桃書房、1990年、３頁。
２）チャンドラー著／三菱経済研究所訳『経営戦略と組織―米国企業の事業部制成立史―』実業之日本社、1967年、17頁。

第7章　企業文化

第1節　企業文化とは

　企業文化（corporate culture）が注目を集めるようになったのは1980年代からである。その理由として、この時期はそれまで順調に成長してきた米国企業が低迷しはじめ、経営学研究においては、企業や組織に共有された行動パターンや価値観が経営業績に影響するという議論が活発化したことが、日本にも影響が及んだことがいえよう。

　企業文化は企業の性格ともいえるもので、組織のメンバーに共有された価値観、信念、行動パターンや行動規範などであり、経営理念（企業の活動方針の原点となる概念）、社是（会社の正しいとするもの）・社訓（会社で守るべき教え）、会社綱領（会社の基本政策）、行動指針（経営行動の基本方針）などによって表現されている。

第2節　企業文化が組織に与える影響

　企業文化が組織に与える影響は非常に大きい。企業文化の機能について考えてみよう。

　企業文化の主な機能として次の3つが考えられる。

①**迅速な意思決定**

　戦略、管理、業務といった各意思決定の判断として企業文化が浸透していれ

ばその判断基準と成り得る。環境変化が激しい今日において、不確実性・非連続性な出来事に直面した場合、定型業務だけでなく非定形業務も増えてくるし、環境変化の大局を読みながらも迅速な意思決定が必要となる。そのような時に、企業文化は物事を判断する際、不安を低減する機能が働く。

②協調性・求心性

共通の価値観をもつことは組織メンバーの協調性・求心性を高める。企業文化は組織メンバーに対して共通の価値観を与える他に認識・思考のルールや行動規範を生み出す。具体的には、判断基準、コミュニケーション、モチベーションの基盤となるものを提供することになる。

③行動規範の創出

共通の価値観が浸透すれば行動規範が創出されていく。それは行動パターンの形成・維持につながる。そうなれば行動はルーティン化されていき定型業務については意思疎通のうえでメンバーが仕事に専念できるため効率性が高まる。また、組織メンバーの責任の所在も明確化する。

これらの機能をみれば、企業文化は、環境への適応、管理、評価、経営戦略の策定と実行、職場の雰囲気、組織内外のコミュニケーションなど、あらゆる側面で関係してくるわけで、こうした意味からヒト・カネ・モノ・情報に次ぐ第5の経営資源と呼ばれる。また、価値観は規則、慣例、儀式などといった形で具体的に制度化され、会社のカラー、シンボル、ロゴなどといった形でもあらわされる。

以上の企業文化の機能は、組織への浸透度によっても大きく変わってくる。

ピーターズとウォータマン（Peters, T.J. & Waterman, R.H.）は、長年にわたり高い業績を上げる優良企業（エクセレント・カンパニー）の共通の特徴を見出した。それは、積極的行動と実験精神を重視する組織の雰囲気、顧客に密着した仕事姿勢、従業員の自律・自主性の重視、人を通じての生産性向上などの価値観が共有されているということ、である[1]。

組織メンバーに価値観が共有されている状態（浸透度が高い状態）を「強い

企業文化」という。この場合、組織内に経営理念や価値観が共有・保持される
ため個々のメンバーの行動への影響力が強い。これとは逆に浸透度が低いもの
を「弱い企業文化」という。この場合、共有・保持が十分でないため行動への
影響力が弱い。つまり、企業文化の強弱は組織内のパフォーマンスに左右する。
その結果が、経営業績にも影響するわけである。

　ここで注意すべきは「強い企業文化」が必ずしもよいものではないというこ
とである。それは自社を取り巻く環境は刻々と変化していることに関係する。
組織メンバーに共有された価値観が不変のものになってしまうことで組織行動
のマンネリ化につながる。内部指向的、利己主義、リーダー追随などといった
企業文化が継承されるような企業文化が強い場合は有効な戦略が立案・実行さ
れないことになる。

第 3 節　企業文化の類型

　これまで企業文化の類型にはさまざまな分類がされてきた。その代表的なも
のに河野豊弘の研究がある[2]。彼は「共有された価値観」「意思決定パターン
（情報収集・アイディア・評価・協力）」「行動パターン（実行・組織と仕事に対する
忠誠心）」という 3 つの要素をもとに、

　　Ⅰ．活性化した企業文化
　　Ⅱ．専制者に追随しつつ活性化した企業文化
　　Ⅲ．官僚的企業文化
　　Ⅳ．沈んでいる企業文化
　　Ⅴ．専制者に追随しつつ沈んでいる企業文化
の 5 つに分類した。

　彼の研究は、これらの類型について事例をあげているところに特徴がある。
その他にもさまざまな類型化がなされているが環境適応への柔軟性という観点
からいうと大きく次の 3 つに分類できるとしている。

①革新的企業文化

　上下左右のコミュニケーションがとれてチームワークもよく、アイディア創出の機会が与えられる。リスクへの挑戦、メンバーは革新することに価値観を抱き、メンバー間での競争意識が強い。個性や少数意見が尊重される。短所としては積極的なメンバーとそうでないメンバーとに分かれたり、安定性に欠けることもある。IT、ニュービジネスなどといった環境の変化への迅速な対応が求められる業界の企業に多い。

②官僚的企業文化

　安全主義で何事に対しても手続きや規制を重視するため、定型業務に対する行動には正確性・一貫性がある。反面、新しいことに挑戦することを好まない組織であり、アイディア創出されにくい環境におかれる。コミュニケーションはトップダウンが主体である。新しいことに取り組む際は失敗しないことに重きがおかれ、責任の所在は明確である。手続きと規制によって環境変化への対応が遅れることがある。電力、官庁、銀行などといった環境変化が緩やかだったり、環境変化の影響を受けにくい業界の企業に多い。

③慣習的企業文化

　内部指向でコミュニケーションはとれていない。自分の関係する部署のことだけで組織全体を理解できていない。既存の方針にもとづいた行動パターンが確立されている。また、内部指向的であるため環境の変化への対応が鈍い。リスクを恐れる傾向にあるため、アイディア創出の機会が十分に与えられていない。

　先に述べたように企業文化は長年にわたって形成される企業の性格であるが、それは時間の経過とともに変化する。一般的に、上記①の革新的企業文化であっても、次第に②の官僚的企業文化、そして③の慣習的企業文化、というように変化する傾向にある。（図表7－1参照）

図表 7 - 1　企業文化の変化のトレンド

革　新　的 企　業　文　化	→	官　僚　的 企　業　文　化	→	慣　習　的 企　業　文　化

時間経過・企業規模の拡大 →

出所：筆者作成。

第 4 節　企業文化の変革

企業文化は様々な要因が複合的に関係し、長年に渡って築き上げられる。ここでは最初に企業文化が形成される要因について整理する。

①創業者や経営者が抱く信念

社是・社訓や経営理念これにもとづくエピソードや儀式、シンボル、共通の言語が組織メンバーに浸透することで企業文化が形成されていく。

②組織と人事制度

組織メンバー、組織構造、メンバーに与えられる権限の範囲、リーダーシップの強度、責任の明確性、人事評価や報酬制度である。企業がおかれる状況に応じてその時に必要とされるメンバーが採用される。そのため共通の価値観をもつメンバーが集まる傾向にあり、それが企業文化となっていく。これらにより行動様式は、影響を受け、その結果として企業文化が形成される。

③環境の変化と対応

その時々での自社を取り巻く環境と、その変化に対応するメンバーの知識や行動、さらには過去に遭遇した問題と対処などが企業文化の形成に影響を与える。規制緩和や人材の多様化・流動化などが、企業文化の形を変えていく。ここでいう環境とは政治、経済、法規制、人口統計、需要の変化、競合他社の動向、などである。

企業文化はどのような経緯で形成されるのだろうか。企業文化形成のダイナ

ミズムは図表7−2のように示され、次のように説明できる[3]。図中の実線と点線のそれぞれの矢印は、企業文化を形成または変革しようとする影響力を示す。まず、創業者または現行のリーダーの基本的な考え方や行動が経営理念・方針や経営戦略となって、組織の構成メンバーに伝達され、企業文化の形成がはじまる。同時にそれは、企業の組織構造・システムの形成を通して、組織の構成メンバーの価値観に間接的に影響を与える。こうして形成された企業文化と組織構造・システムの両方が組織の構成メンバーの行動パターンを決定する。そして行動は成果につながる。

図表7−2　企業文化形成のダイナミズム

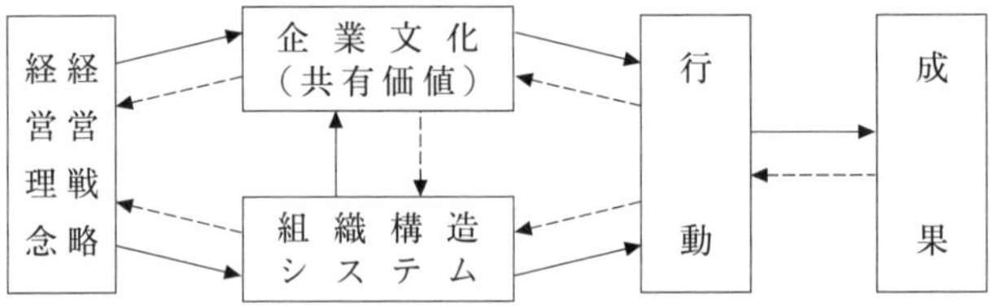

出所：林昇一・高橋宏幸編『戦略経営ハンドブック』中央経済社、2003年、214頁。

こうして形成された企業文化が澱んだものにならないためにも企業はその診断をする必要がある。また、その結果によっては変革をしなければならないときもある。キャメロンとクイン（Cameron, K.S. & Quinn, R.E.）は、少なくとも次の6つの点を診断すべきとしている。

①企業文化のタイプ（リーダーシップ特性やスタイル）

②企業文化の一致・不一致（現状の企業文化と望ましい企業文化との方向性の違いがあるか）

③企業文化の強さ（組織内の結束力や革新性）

④企業文化の整合性（組織内部の意識や行動の一貫性）

⑤企業文化の比較（同業他社と比較した企業文化の特徴）

⑥企業文化変遷のトレンド（企業文化がどのような経緯を辿って変化するかという傾向を掴む）

である。

　企業文化の診断により、その変革が必要となった時、変革計画を立てる。

　しかし、実際のところ、長年に渡って形成された企業文化を変革することは容易でない。それは企業の歴史が長かったり、巨大な組織であったりすればなおさらである。コッターとコーエン（Kotter, J.P. & Cohen, D.S.）は、これまでに大規模な企業改革に成功した事例調査にもとづき、改革が成功するために必要な次の8つのステップについて指摘した。

　①関係者の間に危機意識を高める。

　②変革推進のためのチームをつくる。

　③ビジョンと戦略を掲げる。

　④ビジョンと戦略を周知徹底する。

　⑤行動の障害を取り除く。

　⑥短期的成果を生む。

　⑦目的が完了するまで更なる変革を推進する。

　⑧新たな文化を生み出し、新たな行動を根づかせる。

　また、彼らは、改革の中で最も難しいのが、これまでの行動様式を変えることであると指摘している。それには分析結果を示して、目にみえる形で示すことが重要だと述べている。企業文化の変革は企業そのものの変革になる。そのためにもトップマネジメントの企業文化変革に向けた意思決定と、それを組織全体に浸透させてこそ行動様式を変えることができるといえよう。

注
1）Peters, T.J.& Waterman, R.H. *In Search of Excellence: Lessons from America's Best-Run Company*, 1982.
2）河野豊弘・クレグ著／吉村典久・北居明・出口将人・松岡久美訳『経営戦略と企業文化−企業文化の活性化−』白桃書房、1999年。
3）林昇一・高橋宏幸編『戦略経営ハンドブック』中央経済社、2003年、214頁。

参考文献
キャメロン・クイン著／中島豊監訳『組織文化を変える−"競合価値観フレームワーク"

技法－』ファーストプレス、2009年。

河野豊弘・クレグ著／吉村典久・北居明・出口将人・松岡久美訳『経営戦略と企業文化－
企業文化の活性化－』白桃書房、1999年。

シャイン著／梅津祐良・横山哲夫訳『組織文化とリーダーシップ』白桃書房、2012年。

林昇一・高橋宏幸編『戦略経営ハンドブック』中央経済社、2003年。

Peters, T.J.& Waterman, R.H. *In Search of Excellence : Lessons from America's
Best-Run Company*, 1982.

第8章　経営組織

第1節　組織とは

　現代社会には、多種多様な組織が存在している。組織には、企業、学校、病院、市町村役場、警察、消防などがある。組織が存在するには、必ずその理由が考えられる。その理由は、その組織が設立された大きな目的にある。学校であれば「教育」を、病院であれば「治療」を、市町村役場であれば「市民の支え」を、警察であれば「治安」を、消防であれば「災害」など、それぞれに目的が必ずある。

　しかし、組織とはいったい何であろうかと考えた場合、まだまだ理解が難しい。その悩みを解決してくれるのがバーナードであろう。まずは、組織を理解するために、バーナード理論についてみてみることとする。

第2節　組織とバーナード理論

　バーナードは自身の著書である『経営者の役割』で、組織の本質について説明している。この説明が、組織を理解する場合に最もわかり易く明確である。

　バーナードは、組織はどのような状況でできるのかを示し、「人間は自由な意思を持ち、自由に行動する」との考えから組織の理論を組み立てている。バーナードの考えでは、「二人以上の人が集まった集団を組織」と定義し、組織が出来上がるための三要素として、「共通目的」「貢献意欲（協働意志）」「コミュ

ニケーション」をあげている。

　組織には「目的」がなければならない。目的が明確ならメンバーは組織のために
どんな協力をすればいいのかを理解できる。さらに、各人が分担して仕事
を行うことができるようになる。すなわち、組織に参加するメンバーは、その
目的をしっかりと理解していることが大切であるとしている。

　「貢献意欲（協働意志）」とは、組織に参加するメンバーは、組織のために
頑張ろうとする意欲を持たなければならない。また、自分が働いた以上に評価
（給料など）がある場合は、意欲が高くなるか現状が維持される。しかし、自
分が働いたことへの評価が低い場合は、意欲は現状維持ができずにほぼ低下す
る。このように、組織から与えられた評価によって、組織に参加する人への
「貢献意欲（協働意志）」を左右する役目を果たすとしている。

　「コミュニケーション」とは、組織に参加する人とって、それぞれの考え方
や意思を伝達することによって、他の意見や情報を交換し、他の考え方や意思
を理解するために必要である。すなわち、「コミュニケーション」には、組織
の目的を理解させる役割や貢献意欲を高める役割がある。

　さらに、バーナードは、組織を存続させるためには、「内部均衡」と「外部
均衡」の2つが必要だと考えた。

　「内部均衡」とは、組織に参加するメンバーの労働意欲の減少や能率低下が
おこらないようにすることである。すなわち、「共通目的」「貢献意欲（協働意
志）」「コミュニケーション」の三要素のバランスを保ちながら、組織に参加す
る人の労働意欲を引き出すことにある。

　そもそもバーナードは、「人間は自由な意思を持ち、自由に行動する」との
考えから、自分の目的のために行動する人間がいて当たり前と考えている。現
実には、労働者は働いて給料をもらうことが個人の目的になっている。個人の
目的と組織の目的が共通目的であれば問題ないが、少し目的には違いがある。
その違いを埋めるために、労働者が頑張ってくれた時には、組織から褒美を出
し、労働意欲が下がらないようにすることが大切としている。

　「外部均衡」とは、組織の外側にある環境とのバランスである。組織の目的

は外部環境とバランスを保てなければならず、このバランスを保つことによっ
て、組織は有効なものとなり、目的達成の可能性が高くなる。

　逆に、組織は外部環境とのつながりを必ず持っているために、もし、組織が
外部環境に受け入れてもらえなくなれば、組織の目的達成は不可能となる。い
くら内部環境が素晴らしい組織でも、外部環境が悪ければ組織の目的を達成す
ることはできない。

　このように「内部均衡」と「外部均衡」は、組織を維持していくためには大
切な条件になる。組織の目的を達成した時には、メンバーは組織から褒美を与
えられ、結果的には、その褒美が労働者の貢献意欲を引き出すことになる。

第3節　組織の諸形態

　経営学では特に、企業組織を取り上げて研究がなされている。企業組織の中
でも、私たちと関連が深い製造業を考える場合が多い。本講で取り上げている
組織は、基本的に製造業を取り上げている。

　また、組織と戦略には深い関係が存在している。チャンドラー（Alfred Du
Pont Chandler, Jr）は「組織は戦略に従う」といい、アンゾフ（H. Igor Ansoff）
は「戦略は組織に従う」とそれぞれが定義している。チャンドラーのいう組織
は、組織構造（外部環境や事業特性、戦略などを考慮して設計された組織の形態）を
意味し、アンゾフのいう組織は、組織文化（組織のメンバーが共有するものの考
え方、ものの見方、感じ方）を意味している。

　すなわち、チャンドラーもアンゾフも、戦略目標を達成するために組織は重
要であると考えていたことに間違いない。

　企業は、戦略目的を達成するための組織形態が考え出す（つくり出す）こと
が最も基礎的であり、最も大切なことである。

　組織の基本形態はどのような代表的な形態があるのかを以下でみてみる。し
かし、ここでは、一般的な組織形態としてとり上げられている、①ライン組織、
②ファンクショナル組織、③ライン・アンド・スタッフ組織、④プロジェクト

組織、⑤職能別組織、⑥事業部制組織、⑦マトリックス組織、⑧ネットワーク組織、⑨フラット組織について説明することにする。

この9種類の組織形態こそ、組織を理解するうえで、経営学を学ぶのであれば最低限度知っておくべきである。

その組織の特徴をできる限りわかり易く簡潔にまとめた。また、図を必要とする組織形態には、基本的な組織図を示しながら説明している。

①ライン組織

上から下への命令系統によって結ばれている組織で、部下は直属の上司からの命令を受けとる。一つの命令系統であるため、上司から部下に対する命令内容によって結果に大きな違いが生じる場合もある。すなわち、上司の能力によって、その結果に大きな違いが生じやすい。

図表8－1　ライン組織

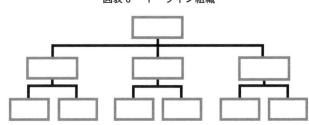

②ファンクショナル組織

テイラーが提唱した、職能的職長制度にもとづく組織で、部下は職能別に上司をまち、それぞれの職能にもとづいた命令を受ける。この組織では、職能分化によって職能別に管理者がいるので、管理者の負担が軽減される。しかし、命令系統が複雑になるため、命令に重複や矛盾が生じやすい。すなわち、期待した結果と、そうでない結果が生まれてしまうこともある。

図表 8 - 2　ファンクショナル組織

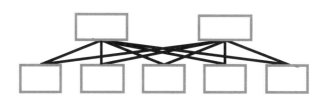

③ライン・アンド・スタッフ組織

　ライン組織とファンクショナル組織の長所を取り入れた組織で、ライン組織の命令の統一性を保ち、さらには、ファンクショナル組織の専門化の利点を生かすために考えられた。ライン組織の命令の統一性を保つことと、ファンクショナル組織の専門化の利点を生かさせることのバランスを保つことができるかによって、その組織の機能には大きな影響がある。

図表 8 - 3　ライン・アンド・スタッフ組織

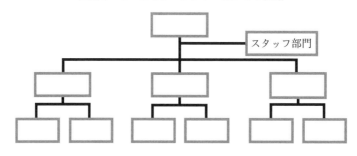

④プロジェクト組織

　一時的な組織である。この組織はある特定のプロジェクトを実行するために、必要な経営資源である「ヒト」「モノ」「カネ」「情報」を集めて組織を形成している。戦略目標によって、その都度に形成される組織である。期間の限られた短期目標を達成するには向いている。しかし、長期目標には向いていない場合もある。プロジェクトが終了すると必ず解散する。

⑤職能別組織

　もっとも一般的な形態で、製造、販売、財務、人事などのように、業務の内容に応じて分化している。専門領域が明確になるため効率的に仕事を進められるが、部門間での壁ができる恐れがある。すなわち、複数事業を営む場合は不向きでもある。それは、それぞれの事業を統一して管理する機能が存在しないことである。

図表 8 − 4　職能別組織

⑥事業部制組織

　1920年代にアメリカのGM社やデュポン社などによって採用された組織形態である。本格的に普及し製品別、地域別、顧客別に部門化して事業部を形成し、本社機構がこれらの事業部を統括するという形態である。また、各事業部内で一連の機能が完結するため、全社的な意思決定の調整が難しいこともある。

図表 8 − 5　事業部制組織

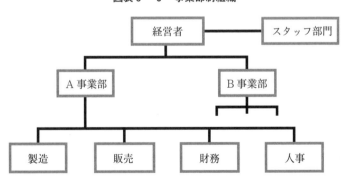

⑦マトリックス組織

　2つの異なる編成原理にもとづいて、従来の組織の欠点を克服し、より柔軟で効率的な組織を目指したものである。それは、職能別組織にそれら各機能を横断する事業部などを交差させ、構成員は専門とする職能部門と事業を遂行する部門の両方に所属する組織である。

図表 8 - 6　マトリックス組織

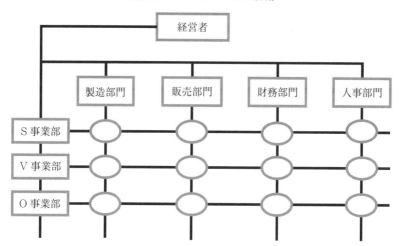

⑧ネットワーク組織

　ライン組織のようなヒエラルキー（階層制や階級制）を考えない、新しい編成原理にもとづいて形成されるものである。しかし、ネットワーク組織は、自主的な参加を前提とした緩やかな結び付きでしかないために、強制できないという弱点がある。

図表 8 - 7　ネットワーク組織

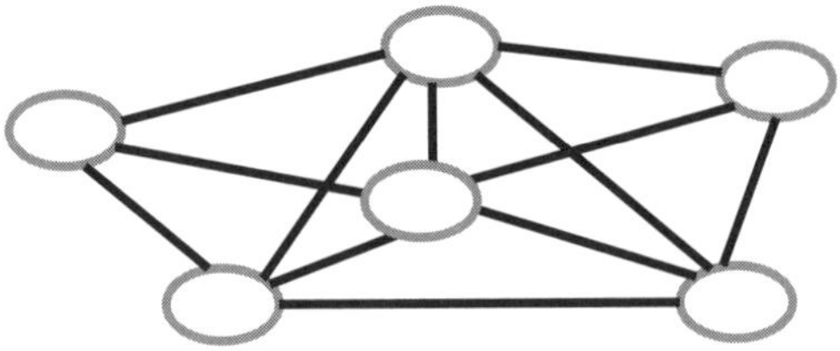

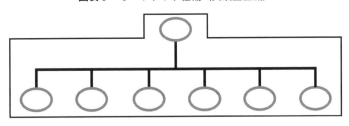

⑨フラット組織（文鎮型組織）

　1990年代のバブル崩壊後の景気低迷の中で、多くの日本企業が行ったのが、組織のフラット化であった。組織階層を出来るだけ減らし、上下のコミュニケーションを改善することによって、市場変化に対応して迅速で適切な意思決定を行い、状況変化に柔軟な対応をするために導入された。

図表 8 - 8　フラット組織（文鎮型組織）

第4節　組織への参加

　先にもみたが、バーナードの考えでは、「二人以上の人が集まった集団を組織」と定義し、組織が出来上がるための三要素として、「共通目的」「貢献意欲（協働意志）」「コミュニケーション」をあげている。しかし、組織を維持させるためには、組織に参加している人に、その組織に参加している他の人との人間関係などの調整を意識的におこなっていることを忘れてはならない。おそら

く、人が組織に参加し、その組織が維持できているのは、参加者による意識的な調整をおこなっているからである。

　では、意識的な調整力とはどのようなものなのであろうか。それは、決して難しいことではない。どちらかというと、組織に参加する前から、この意識的な調整がおこなえると考えているからこそ、その組織に参加するのであろう。ただし、その意識的な調整ができなくなった場合に、その組織に参加していた人も、自然とその組織から離脱してしまう。

　組織から離脱するにはそれだけの理由が存在することも事実である。その理由が、本人の問題であるのか、または、その他が関係しているのかは、そのケースによって異なる。すなわち、組織に参加している人に、「やる気がある＝参加意識が高い」とか「やる気がない＝参加意識が低い」というような簡単な理由ではない。組織に参加するために、本人のやる気とは別に意識的な調整をおこなってまで所属したくないと考えることによって離脱する。

　意識的な調整力は決して難しいものではないといったが、継続して、同じ意識を思った状況で組織に参加し続けることは簡単ではないことも事実である。そこで、組織に参加する人が「やる気がある＝参加意識が高い」状況を継続するための研究が進められることとなった。それは、立派な組織という箱を作ることから、組織をいかにうまく運営するかへの課題に取り組むこととなる。

　組織運営に関する研究は、さまざまな角度から行われている。組織行動論という分野がまさしく、この問題に取り組んだ研究である。

参考文献

片岡信之、斎藤毅憲、佐々木恒男、高橋由明、渡辺峻編著『はじめて学ぶ人のための経営学入門』分眞堂ブックス、2008年。
十川廣國編著『経営組織論［第2版］』中央経済社、2013年。
明治大学経営学研究会編『経営学への扉　第4版』白桃書房、2013年。
山本安次郎訳編『新訳 経営者の役割』ダイヤモンド出版、1968年。

第9章　生産管理

第1節　生産管理の目的

　生産管理の目的を一言でまとめると、「人、モノ、金、情報を求められる時に求められる場所へ、求められる品質で供給する」ための管理活動である。そのためには、経営計画や販売計画にもとづき、生産活動に必要なリソースを最適な配置をおこなうものである。

　企業活動におけるリソースは、材料や設備、労働力、情報があげられる。それらのリソースは有限であり、当然効率的な活用が求められる。また、過剰品質は、財やサービスの競争力を削いでしまう。一方で、完全な予測と実行は理想的ではあるが、現実的ではない。そのため、よりマシな状況を実現するために、生産管理が必要になる。

　顧客のニーズを充足し、継続した取引をおこなうためには納期を遵守し、求められる品質を安定的に適切な価格で供給することが求められ、具体的には、品質（Quality）原価（Cost）数量と納期（Delivery、Due date）の頭文字をとってQCDが重視される。そのため、生産管理は、納期などの日程などの時間軸を中心に、リソースを分配し、資材調達、製造、出荷に至るまで統合的に管理し、必要であれば適切にリソースを再配分することで、顧客のニーズを満たしながら自社のリソース配置を最適化しようとするものだといえる。

1. 需要予測

　生産を行う前に、まず顧客のニーズを把握することが求められる。企業戦略などによって策定された経営計画に従い、需要予測と販売計画が立案される。需要予測のために用いられる手法は多様であるが、それによって長期生産計画が作成される。

2. 生産計画

　需要予想により、販売計画とともに、生産計画が立案される。多くの場合、大日程計画、中日程計画、小日程計画が立案されるとともに、生産を実施するための資材の調達計画も作成される。需要計画にもとづき、生産する財やサービスの種類、生産量、生産時期、出荷時期が策定される。

　大日程では、四半期から1年を想定して、需要予想にもとづくニーズを充足する生産能力を確保するための設備投資に必要な生産能力計画、長期的な人員計画が練られるとともに、財・サービスの改良計画や、新商品の開発計画が想定される。

　中日程では、四半期程度の長さを対象として、生産能力計画や、人員計画をより細部にわたって計画するものである。月別の生産計画と資源の調達計画を策定・実施するとともに、計画の見直しがおこなわれる。

　小日程計画は、週から月単位計画がおこなわれ、日単位で見直しがおこなわれる。具体的には、生産リソースの分配や生産性の分析、ロット管理がおこなわれる。

　生産管理においては、4Mの管理という視点があり、人（Man）、設備（Machine）、工程（Method）、素材（Material)を如何に適切に分配や再分配するかということが非常に重要である。

　また、不測の事態に備えてバッファ（Buffering function）を設定することも重要であり、生産活動にある程度余裕を持つことが求められる。生産計画を立てる際には、生産能力や、時間、在庫をどの程度余裕を持たせるかというのも必要である。

【生産方式】

　ここで、代表的な生産方式について述べる。まず、ライン生産方式は、少品目大量生産に適した生産方式だといえる。製品の生産工程や、従業員の配置をライン化し、ベルトコンベアなどによって前の工程から流れてくる半製品を完成品に近づける方式である。工程の速度を上げ品質を一定に維持することが容易になる一方、専用ラインを設置するため採算ラインが高止まりすることになる。通常、ライン生産方式をとる場合見込生産がおこなわれるため、リードタイムを短縮できる一方需要予測を誤ると在庫を抱えることとなる。

　次に、ロット生産方式がある。ロット生産方式は、数種の製品を一定量生産する方式だといえる。専用ラインを設置するほどにはニーズが多くない製品をロット単位でまとめて生産し、複数の品目を一定数生産する方式である。ライン生産方式とロット生産方式は、見込生産と受注生産の双方が発生する。調達コストの低減や、生産設備の稼働率向上のため、1ロット当りの生産数が増加することも考えられ在庫が過剰になる可能性が存在する。

　個別生産方式は、多品種を少量生産することになる。企業は、顧客からの注文を受け、生産するため汎用設備を設置し生産をおこなう。受注生産が前提であるため過剰在庫は発生せず顧客のニーズを充足しやすいが、経験曲線効果などが期待し難く、生産性を高めることが難しい。

　BTOは、自動車やPC、住宅等でとられる生産方式で、企業内に半製品の状態で保持しておき顧客からの注文を受けて完成品として出荷する。半製品は完成品よりも流動性が高いため、在庫リスクを軽減することができる。CTOは、BTOの一種で、BTOとの違いは顧客が使用の変更を指定できるため、顧客のニーズを充足しやすい。

　BTOには、依然として在庫リスクが存在するが、在庫リスクの極小化を狙ったのがジャストインタイム生産システムである。ジャストインタイム生産システムはトヨタ生産方式の重要な要素として知られ、加工途中の仕掛かり在庫を最小化することを目的としている。一方、ジャストインタイム生産方式は、自社内に半製品を持たないことによりリソースを効率的に運用できる一方、製造

工程のどの部分が停止しても資材調達に問題が生じ、事業持続計画に問題が出る。そのため、トヨタ自動車では、災害やテロなどによる操業停止に備え、供給リスクが高いモノに対しては、複数発生体制を構築している。

3．資材調達計画

生産計画の中で、生産に必要な素材（原材料や部品）を如何に供給可能な状態にするかという計画が、資材調達計画である。調達に関しては、生産活動における外製品の調達も含まれ、外注管理も含まれる。生産活動あたり、社外のリソースを使った方が効率的になる事は十分にありうる。それによって、社外のリソースや技術によって、自社の不足部分を補うことが可能になる一方、コストや品質、納期が遵守されるのかといった部分について管理が難しくなる。ジャストインタイム生産システムの説明でも述べたが、外注をおこなう場合事業持続計画としては複数の外注先を持つ分散発注が考えられ、複数の企業に外注することによる競争促進も含めて検討する場合が多い。

4．生産実施（工程管理）

生産計画にもとづいて、生産を実施する。通常、生産計画の通り生産をおこなうが、製造工程で発生する課題や緊急で必要となる生産がおこなわれることも考えられるため、十分なバッファを持って生産実施をおこなうことが求められる。

5．生産統制

生産統制は、効率的な生産管理のために、実績を測定し、計画と実績に差異がある場合、生産を維持しつつ改善をおこなうことである。生産統制が機能しない場合、計画と実施の間に存在する乖離の原因を特定することが難しく、結果として改善が遅れることになる。改善が遅れた場合、生産計画の遅延や、効率的なリソース配置がおこなえないため、経済的損失が発生する。生産統制をおこなう際には、生産実施の結果を数値化し、計画値との差異を観測する。そ

の上で、計画値に近づけるための措置をおこない、措置後の数値と措置前、計画値との差異を再測定する。

第2節　品質管理（Quality Control）

　生産管理の項目でも述べたが、企業の供給する財やサービスについては適切な品質管理がおこなわれる必要がある。品質管理はさまざまな手法でおこなわれるが、本項では、統計にもとづく品質管理について述べる。統計にもとづく品質管理には、QC 7つ道具といわれる分析手法が確立している。具体的には、①グラフ、②特性要因図、③散布図、④層別、⑤パレート図、⑥チェックシート、⑦ヒストグラムがある。

①グラフは、収集した定量データの中でも数量を棒グラフで、時系列的な変化を折れ線グラフで、構成比を円グラフで直感的に把握する事が可能になる。

②特性要因図は、別名Fishbone diagram（魚の骨）とも呼ばれ、特定の問題が発生している場合、その問題に影響を与えている要因を相互に矢印で結び関係性を明らかにするものだ。

③散布図は、2変数データ間の関係を座標上にプロットした点のばらつきの形によって観測する。直線に近い形をするほど2変数間の関係性が強いといえ、右上がりであれば正の相関を示し、右下がりであれば負の相関を示している。一方、プロットされたばらつきが円に近いほど2変数間の相関が弱いといえ、著しく関係性が低い場合、無相関と分析することができる。

④層別は、年齢、担当作業などより同質な層に分け分析することで問題の所在を明らかにする。

⑤パレート図は、工程管理などに用いられる分析で、横軸に値の大小で整理された棒グラフを、累積値を折れ線グラフで示したものだ。パレート図からは、改善可能な項目の抽出と優先的に改善すべき項目を把握する事ができる。

⑥チェックシートは、確認項目をあらかじめシート化し、確認すべき事項が発生した場合集計されたシートから課題を明らかにするものである。

⑦ヒストグラム（度数分布表）は、質的データを視覚的に把握する事を目的と
している。データを複数の階級値に等分して、各区間内の縦軸に度数を柱状
に積み上げるモノだ。平均や分散の全体的な傾向を把握することができるた
め、品質のばらつきを直感的に把握することができる。

　以上が、QC 7 つ道具の概説だが、主に数値化できないデータを事務部門向
けに開発されたものに新QC 7 つ道具がある。新QC 7 つ道具は①原因と結果の
因果関係を明らかにする関連図法、②目的と手段を系統図で示す系統図法、③
2 要素の関連性を表の中で表すマトリックス図法、④マトリックス図法のデー
タを数値化し主成分分析をおこなうマトリックスデータ解析法、⑤目標達成ま
でに発生する可能性がある事象を予測し代替案を図示するPDPC法、⑥各工程
間の作業が関係し合っている際に、日程等を管理し順序関係を明確化すること
で調整を可能にするアローダイアグラム法、⑦問題の関連（親和）性の高いグ
ループに分けその相互関係を結ぶことで体系化する親和図法がある。

　総合品質管理（Total Quality Control）は、Feigenbaum（1991）で示された
調達、営業、マーケティングなどの部門も含めた品質管理の手法である。具体
的には、教育とPDCAサイクル、品質管理を全社的に進める阻止句の設置、全
従業員が参加するQEサークルの設置、厳格な方針管理、経営者による評価、
品質保証システムの充実の 7 項目をあげた。

　TQCがQCを全社的におこなうことを推進しているものの、飯塚（1995）は、
TQCは企業倫理が中心であり顧客の視点が欠けていること、また十分な体系
化がされていないことを指摘し、形骸化したTQCよりも、科学的視点を導入
したトップダウン型のTQM（Total Quality Management）の導入が必要だと
している。

第 3 節　生産管理とは

　本講では、生産管理について整理した。生産管理は企業のリソースを効率的
に運用するために必要不可欠であるとともに、精確な実施は現実的だとは言い

切れない。そのため、適切なPDCAサイクルによって改善することが求められる。近年では、情報システムを活用した生産管理システムが広まりより精緻な生産管理や、即時的で効果的なPDCAサイクルの導入が可能になり、さらにAIを利用した生産管理システムの可能性が指摘されているが、その背景にある理論を把握することが必ず必要になる。

　また、生産管理とともに、供給する財やサービスの品質を一定以上に保つことは重要である一方、求められる最適な品質を維持するためには、定量、定性を問わない品質の把握が求められる。本章では、記述範囲が広範に及ぶため、ケーススタディや具体的な手法については捨象している。実際に企業でおこなわれている活動についても是非確認して欲しい。

参考文献

A.Feigenbaum（1991）"*TOTAL QUALITY CONTROL THIRD EDITION, REVISED*", McGraw-Hill Book Company.
飯塚悦功（1995）『ISO9000とTQC再構築—ISO9000シリーズを超えて』日科技連出版社。
藤本隆宏（2001）『生産マネジメント入門＜ 1 ＞』日本経済新聞社。

第10章　人的資源管理

第 1 節　人的資源管理とは

　企業は、ヒト・カネ・モノ・情報といった経営資源を有効配分することでムリ・ムダ・ムラのない経営活動をおこない、製品（商品）やサービスを生産・流通・販売している。これらの経営資源のうち、「ヒト」という経営資源は他とは大きく違った特徴がある。それは、一人ひとりの能力が違うこと、育成が必要なこと、気持ちの持ち方や組織構成によってパフォーマンスが変わってくること、などである。そこで本章ではこれらに関係する人的資源管理（Human Resources Management：HRM）について学ぶ。では、人的資源管理とは何か。それは、ヒトという経営資源に着目し、企業の目的や目標の達成に向けて管理（マネジメント）することである。

第 2 節　人的資源管理の制度

　第二次大戦後、終身雇用制度、年功序列型賃金制度、企業別労働組合といった日本的経営が確立した。日本的経営については一長一短あり[1]、これまで数え切れないほど議論がなされてきた。その後、1995年日経連は経営改革ビジョン「新時代の日本的経営」を発表した。これは「人間中心の経営」「長期的視点に立った経営」といった従来の日本的経営の長所を残しつつ、同時に短所である無駄な部分を徹底的にそぎ落とそうという考えから作られたビジョンであ

74

る。その内容は以下の3種類の雇用形態を組み合わせたポートフォリオ概念の提唱であった。

①長期蓄積能力活用型グループ

特徴：基本的に正社員として雇用する。

　　　　時間をかけて能力を育成する。

　　　　終身雇用、年功序列型賃金制度を導入している企業が多い。

②高度専門能力活用型

特徴：ある段階で能力を見極めて雇用形態を決定する。

　　　　企画、研究開発などの部門にみられる。

③雇用柔軟型

特徴：非正規（パート・アルバイト、派遣社員など）として雇用する。

では、わが国における人的資源管理に関するさまざまな制度をみていく。

1．雇用形態の種類

　前述の経営改革ビジョン「新時代の日本的経営」によって、雇用形態には図表10−1に示すようにさまざまな種類がある。従来は従業員のほとんどを正社員が占めていたものが今日では図表10−1に示したようにさまざまな雇用形態があるのは次のような理由がある。その主なものは、国内市場の競争激化、発展途上国の経済発展や海外企業の進出の影響、需要の低迷などである。その結果、生き残りのための手段として低価格競争が激しくなり、その低価格実現のために人件費を抑えざるを得なくなった。具体的には、正社員とその他（契約社員、嘱託社員、パートタイマー、アルバイト、派遣社員など）の待遇の差が出やすい（差をつけている）項目は、賞与（ボーナス）、昇進・昇給、福利厚生、退職金である。

　次に、企業内での教育訓練についてみていこう。ここでは正社員に対しての教育訓練を中心に説明する。

　わが国における教育訓練は諸外国のそれと比較すると多くの時間をかけてい

る。これは終身雇用制度や年功序列型賃金制度によって長年にわたって従業員が同じ企業で就労することが関係している。時間やお金をかけてでも教育訓練をすることは効果があることを意味する。

図表10－1　雇用形態の定義と区分

雇用形態	基本的な定義	一般的な区分	
正社員	雇用契約で期間などの特別の定めがない。	正規雇用	直接雇用
契約社員	期間の定まった雇用契約を結び、職務の内容は契約で定められた仕事の範囲とする。	非正規雇用	直接雇用
嘱託社員	定年退職後に再雇用される社員を指すことが多い。（期間が定まっているという意味で契約社員に含まれる。）	非正規雇用	直接雇用
パートタイマーアルバイト	所定労働時間が、同一の事業所で雇用される通常の労働者より短い。	非正規雇用	直接雇用
派遣社員	派遣会社から派遣され、派遣先で就労する。	非正規雇用	間接雇用

出所：筆者作成。

その代表的な教育訓練の形態は、次の3つである。

①OJT（On－the－Job Training）

　職場内訓練と訳され、普段の仕事をする中で上司や先輩が必要な知識やスキルを計画的・体系的に部下に育成する。新入社員研修の場合、OJTを通してさまざまな職務を体験させることによって、平均的に質の高い人材を育成し、社内のコミュニケーションを高める効果も得られる。通常、教育訓練に関する計画書を作成して、教育担当者、対象者、実施期間、実施内容などを決め、定期的に実施する。

②OFF－JT（Off－the－Job Training）

　職場外研修と呼ばれ、普段の仕事を離れ、OJTでは身につけられない知識や技術について社内の担当部署や外部の研修スタッフが作成したプログラムを

受講する。

③自己啓発

　自分が関心を持っていることや、将来役立つと思われる知識や技術を身につけるために自発的に職場外で学習するもの。大学院への進学、専門学校に通って免許や資格の取得を目指すといったことがあげられる。

２．人事評価

　この制度は、あらかじめ定めた評価基準をもとに従業員を育成することが前提となる。それは、どのような仕事（ふるまい）をすれば評価されるかを認識させることを意味する。人事評価は、ある一定期間ごとにおこなう。人事評価の目的は、生産性の向上を図ることで、企業の目標達成につなげることである。従業員の評価では、従業員が持つ能力やスキルはもちろんのこと、会社への貢献度など総合的な内容でなければならない。評価項目は一般的に大きく次の４つで構成される。

①成果評価

　売上をはじめとする業績で評価項目の中で最も重視される評価である。

②行動評価

　コンピテンシー（competency）と呼ばれるもので、日本語に訳すと「力量」「適正」「技量」である。たとえば、組織の中での気配り、価値観、動機、冷静さ、などといった数値としては見えないが高い業績をもたらす原動力になる要素についての評価である。

③情意評価

　勤務に対する意欲と取り組みについての評価である。

④能力評価

　上記の①は通常１年間での成果であるが、リーダーシップ能力や取引拡大に向けた基盤づくりなど、長期的視点での業績が期待できる要素についての評価である。

3．昇進

　昇進とは、係長から課長、課長から部長というように職位（役職）が上がることを意味する。昇進のためには、ある一定の基準を満たすことを条件とすることが多い。たとえば、勤務年数（現在の職場での勤務年数、前職までの勤務年数の合算など）、現時点の職位の期間、必要となる免許・資格、現職での業績などがあり、その他にも知識テスト、技術テスト、役職者面談などがある。

　ここで最も重要となるのは管理職（役職者）の昇進である。管理職は、指示・命令をする立場であり、これまでの地位より上になるということは、より多くの部下に影響を与えるためである。よって、自らの仕事をこなしながらも広い視野を持ち、的確な指示を与えられる人材を昇進させることが重要になる。

4．賃金

　賃金制度には大きく2つある。1つは、欧米の企業が適用しているように、仕事の内容を基準に考えて、どの仕事をしている人はどれだけの金額というものである。もう1つは、日本の多くの企業が適用しているように、仕事の経験を積むことによって能力が上がるので給料も上がるというものである。わが国の人事制度は人間基準で考えられることが多く、これは「属人給」といわれる。属人給の代表としては、勤続年数・年齢・学歴など個人の属性によって決める「年功給」や、個人の職務遂行能力を見越して支払われる「職能給」がある。今日、わが国の主流は「職能給」である。基本的な賃金体系を図表10－2に示しておく。

図表10－2　賃金体系

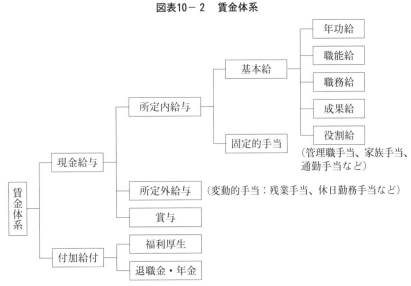

出所：上林憲雄編著『人的資源管理』中央経済社、2016年、200頁（第13章執筆、
　　　厨子直之作成）。

注

1）日本的経営は、労使それぞれの立場でメリット・デメリットがあるが、本書では紙
　面の関係上説明は省略する。

参考文献

薄上二郎『テキスト経営学入門－研究方法論から企業のグローバル展開まで－』中央経
　済社、2007年。
上林憲雄編著『人的資源管理』中央経済社、2018年。
佐藤博樹・藤村博之・八代充史『新しい労務管理』有斐閣アルマ、2019年。
髙木直人編著『経営学へのご招待』五絃舎、2017年。
水野清文編著『現代経営学の構図』、2020年。
宮坂純一・水野清文編著『現代経営学』五絃舎、2017年。

第11章　キャリアデザイン

第1節　キャリアとは

　キャリアデザインについて語る前に、"キャリア"という言葉について確認しておきたい。なぜなら，梅澤（2001）も指摘しているように，そもそも日本社会には"キャリア"という用語に相当する概念がなかったからで，キャリアの研究者もその多義性を認めている言葉だからである。

　広辞苑によると，①（職業・生涯の）経歴，②専門的技能を要する職業についていること，③国家公務員 I 種（上級甲）合格者で、本庁に採用されている者の俗称，と書かれている。例えば、キャリア官僚といったときのキャリアは、③であり、医師としてのキャリアなどというときには②にあたる。

　本書で扱うキャリアとしての意味は、①となる。この場合でも職業の経歴（ワークキャリア）と、生涯の経歴（ライフキャリア）の２つがある。社会人経験が一定年数ある人たちの間で、時々（主に、初対面同士の場合に見られる）それまでのキャリアを問われることがある。その場合は質問している側も答える側も"キャリア"を職業の経歴として使用していることが分かり、「キャリア＝職業の経歴」になる。

　では、生涯の経歴とは何を指すのだろうか。キャリア発達の研究者D.E.スーパーはキャリア発達を"役割"と"時間"の視点で捉え、それぞれの概念を取り込んだ「ライフ・キャリア・レインボー」と呼ばれる図（図表11−1）で表した。この図によると、人はこの世に生まれた瞬間から子どもという役割を持

80

ち、成長して幼稚園や学校に通うようになる。それらの過程を卒業し、やがて働くようになれば労働者としての役割を持ち、いずれ夫や妻として、また親として家庭人の役割を持つなど、人はいくつもの役割を同時に経験している。また、それぞれの役割において色が濃く描かれている部分は、その時期における役割の大きさを示す。人生における役割の種類にも多少個体差があるが、そこに費やされる時間や役割の大きさにはかなりの違いが出てくる。スーパーはこれらの役割の連なりや積み重ねが“キャリア”であると述べている。

図表11－1　ライフ・キャリア・レインボー

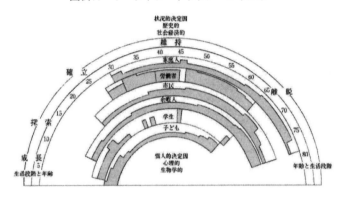

出所：Super, Savickas & Super 1996：127を改変／菊池2012。

　スーパーに類似するところもあるが、併せて D.T.ホールの定義も紹介しておきたい。ホールは“キャリア”について、成功や失敗を意味するものではなく、昇進の早さ（または遅さ）を意味するものでもないとしている。また、キャリアにおける成功や失敗はキャリアを歩む本人によって評価されるものであって、他者からの評価でないと述べている。そして、キャリアはプロセスであり、仕事[1]に関する経験の連続であると定義している。

　そこで、本講で使用する“キャリア”の意味は「人生全般の経験の連なり」や「人生における役割や経験の積み重ね」といった生涯の経歴（職業の経歴も包括する）として使用する。

第2節　キャリア開発からキャリアデザインへ

　キャリア開発とは、組織が長期的かつ体系的な視点で、個人のキャリア形成をしていくための環境を整備する考え方である。入社以降の個人のキャリアについて、能力を開発していくための研修制度やプログラムを作ったり、適性を見たり希望を聞いたりしながら、配置転換していくことなどがそれにあたる。

　キャリア開発が組織で大きく取り上げられるようになったのは、バブル経済崩壊後に雇用形態も多様化[2]し、それに伴い組織と個人の関係も大きく変化していった。それまでの終身雇用が崩れ、個人の自律性と自立性（自己責任に基づく個人主導）によるキャリア開発へと変化してきたのである。

　そのキャリア開発に近い考え方として、キャリアデザインがある。デザインには下絵、素描、図案といった意味があるから、"キャリアデザイン"となると自分の人生の下絵や図案を考えて描いていくことといえる。但し、描いたものは下絵や図案であって、決して完成形ではないから、一度決めたら終わりではなく、何度でも描き直すことができるし、描き直す必要がある。すなわち、生活、価値観に変化が起こった時や節目にそのつど考えながら、自身にとってより良い道を選んでいけば良いのである。

　ホールの定義を借りれば、そこには他者から評価される成功や失敗、早い遅いはないのだから、キャリアを歩む自分自身が納得して選んでいけば良いし、日々生活をしていく中で他者と関わりを持ちながら、様々な刺激を受け、互いを必要としながら学び合い、その学びを継続していくことで、他の誰でもない自分自身が理想とする、最終的に納得できる人生に近づけていけば良いということである。

　キャリア開発は組織内において、組織主導で個人のキャリア形成が行われることが多いが、キャリアデザインは組織内だけにとどまらず、再就職や退職後といった、まさに人生におけるキャリア形成であることから、個人が主体となって、組織もそれに協力しながら行う必要があるため、働く者だけでなく、経営

者や役職者にとっても重要な発想であることを忘れてはならない。

第3節　キャリア理論とその適用

　キャリアの語源を遡ると、ラテン語のcarrus（馬車のような車輪の付いた乗り物）が、後にイタリア語のcarrieraやフランス語のcarriere（レースコースを意味する言葉）になり、その後16世紀にイギリスで「フルスピードで馬を走らせて駆ける」の意味を持つようになる一方で、「太陽の通り道」という意味でも用いられるようになったと言われている。このように、キャリアという単語の歴史は長いが、現在の意味として研究されるようになったのは1950年代であり、100年にも満たない。

　特に、キャリアに関する先駆的な研究者は前節にも登場した、ドナルド.E.スーパー（1910-1994）の理論のポイントは『自己概念』にある。これは、自身の主観で形成してきた「主観的自己」と、他者からの意見や指摘によって形成してきた「客観的自己」を統合していくことで、自分の興味、能力、価値観について知ることができ、『自己概念』として形成されるというものである。

　その後、生涯を通して個人が踏んでいくキャリアの段階（図表11－1における成長・探索・確立・維持・離脱の5段階）や、その中のある時点において果たすキャリアの役割（子ども・学生・余暇人・市民・労働者・家庭人とその他[3]の7つの役割）とその場面について、そして、個人のキャリア選択につながる内的・外的な力について取り上げている。

　図表11－2は、キャリアの研究者になっていなければ建築家になりたかったという彼が考えたキャリアを支える2本の柱で、左の柱は個人の内的要因であるパーソナリティ（興味、能力、価値観、適性、欲求など）を表し、右の柱は個人では変えることのできない外的な社会要因（経済情勢や社会環境など）を表し、「キャリアは内的な個人特性と外的な社会特性によって支えられている」すなわち、キャリアを決定していく上では個人の内面と、自分をとりまく社会環境などの外面のバランスを取ることで、アーチとなるキャリアを支えることを表

図表11－2　キャリア決定のアーチ

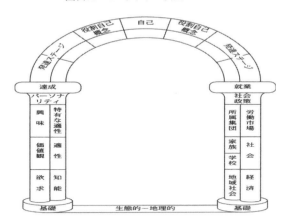

出所: 国家資格キャリアコンサルタント養成講座　Text3　2016より再引用。

している。彼の理論を組織内で適用するとしたら、個人の特性に関連した仕事に配置するとともに、本人にも「最も良い働きをするには、自分の興味や能力を仕事に活かしつつ、自身が持つ価値観を仕事の中で達成させたときである」という考えを認識させることや、人生の段階においてはそれぞれの異なる役割や課題があり、事前にその準備の必要があるという考え方を習得させておくなどがある。

　エドガー.H.シャイン（1928-　）の理論は、組織心理学という分野を開拓したことでも知られるが、彼のキャリアに関する理論の特徴は“組織と個人の相互作用”という視点から構築されている点である。

　シャインは人が生きる上で存在する役割を「生物学的・社会的」「家族」「仕事・キャリア」の３つに分けたサイクルが相互に影響し合っていると考えた。例えば、転勤のタイミングで親の介護をすることになり、転職せざるを得なくなったという話は、子どもとしての役割（生物学的・社会的サイクル）で家族のため（家族サイクル）に、仕事の環境を変えなければならない（仕事・キャリアサイクル）が相互に影響しているといえる。

また、彼は"キャリア"を客観的な側面である「外的キャリア」（履歴書など
に表される仕事内容や実績、地位等）と主観的な側面である「内的キャリア」（経
験的事実の内側にある仕事への個人的な動機や意味づけ等の心理的状態）の2つの軸
からとらえている。

　個人は外的キャリア同様に、仕事の経験や教育を積む中で、内的キャリアも
進展させていくが、それは8つ（自律・独立／起業家的創造性／専門・職能的コン
ピタンス／保障・安全／全般管理コンピタンス／奉仕・社会貢献／純粋な挑戦／生活様
式）にパターン化されることを見出し、個人のキャリアの基軸（船をつなぎと
める錨）の意味で「キャリア・アンカー」と名付けた。このキャリア・アンカー
は自己イメージで、変化することもあり得るが、人生経験を積むことで安定し
てくると考えられている。

第4節　これからのキャリアデザイン

　時代の変化とともにキャリアも変化してきた中で、組織や個人はどのように
対応していかなければならないのだろうか。

　第1節にもあげたホールは、産業社会における構造的変化により、キャリア
形成もかつての安定した雇用からなる"組織内キャリア（組織と個人による過去
の契約）"から、より短期的で成果にもとづく"プロティアン・キャリア[4]（自
己との契約）"へと変化したと述べている。彼はシャインと同じく組織心理学を
ベースにしながらも、キャリアの主観的側面（シャインのいうところの内的キャ
リア）に注目しており、「プロティアン・キャリアは組織の中よりもむしろ個
人によって形成されるものであり、時代とともに個人の必要なものに見合うよ
うに変更されるものである」という。そのため、個人は自分自身の中にある
"ぶれない軸（アイデンティティ）"を持つことと、外部環境からの要求に反応
したり影響を及ぼしたりするための学習とその継続、アイデンティティの探索、
行動とアイデンティティの統合をしていくとともに、それらを発達させたり応
用させたりする意思（アダプタビリティ）が必要であると定義している。一方

で、個人のキャリア形成を促進する（学習に大きな影響を与える）うえで、とも
に働く人々との人間関係に着目している。我々のキャリアは、まさに周囲の人
との関係性のネットワークの中で、互いに影響を与え合いながら構築されてい
るといえよう。

　これからのキャリアデザインにおいて組織に必要とされる役割とは、良質な
人間関係が相互のキャリア発達を促進するという視点で捉え、組織に属する人々
のキャリア発達に必要な人間関係を取り持ったり促進させたりすることで互い
に学ぶ場や機会を提供することにあるだろう。

注

1）この場合の仕事とは、職業の意味ではなく（給与のあるなしに関わらず）、する事、
　すべき事。
2）経済のグローバル化に伴う内外の企業間競争の激化、また労働者の働き方に対する
　ニーズの多様化などを理由に、それまで雇用の中核をなしてきた正規社員の他に、非
　正規社員と呼ばれる契約社員、嘱託社員、派遣労働者や請負労働者、パート・アルバ
　イトなど、1つの職場にさまざまな形態で雇用されている労働者が働くようになった。
3）図表11－1には表されていないが、例えば年金受給者や病にある者、宗教者などが
　それにあたる。
4）プロティアン・キャリアのプロティアンとは、ギリシャの神プロテウスから取られ
　たもので、自分の意思で自由に自分の形を変えることができる、また何にでも変化さ
　せることができることから名付けられた。

参考文献

Douglas T.Hall『Careers In and Out of Organization』SAGE Publications、2002
Douglas T.Hall著、飯塚彩 訳『プロティアン・キャリア－生涯を通じて生き続けるキャ
　リア』プロセス・コンサルテーション、2015年
Edgar. H.Schein著、二村敏子・三善勝代 訳『キャリア・ダイナミクス』白桃書房、1991年
Harris-Bowlsbey,J著『国家資格キャリアコンサルタント養成講座 Text3 キャリアカ
　ウンセリングに関する理論』日本マンパワー、2016年
梅澤正『職業とキャリア－人生の豊かさとは－』学文社、2001年
菊池武剋 著「キャリア教育とは何か」日本キャリア教育学会編『キャリア教育概説』
　東洋館出版社、2008
新村出編『広辞苑 第六版』岩波書店、2008年
仙崎武・下村英雄 編訳『D.E.スーパーの生涯と理論』図書文化、2013年
渡辺三枝子 編著『新版キャリアの心理学』ナカニシヤ出版、2007年

第12章　日本的経営

第1節　日本的経営とは

　日本的経営とは、高度経済成長期を中心に日本企業に成長をもたらし広く導入されてきた経営手法で、共通した特徴的な慣行を包括した概念である。なかでも、「終身雇用」「年功序列」「企業別労働組合」は日本的経営の「三種の神器」として知られている。企業がどのような考えで雇用するかを示し、長期雇用を前提とした人事システムであることも特徴である。高度経済成長下の日本企業における従業員年齢構成、採用・育成などの人材戦略と合致した人事システムであったこともあり、従業員の帰属意識やモチベーションを高めることにも寄与し、多くの企業成長をもたらしたことで諸外国から注目を集めた。

　日本的といわれる人事システムの特徴を示す言葉に「家族主義経営」がある。家族主義経営とは、「会社は従業員のもの」という価値観や「和を重んじる」といった理念のもと、企業を家族に擬制して親が子の面倒をみるように企業が労働者の面倒をみる考えである。この考えが終身雇用、年功序列、企業別労働組合などのシステムが浸透し、機能してきた土壌となっている。

　高度成長期、バブル経済期を経て、低成長期、回復感なき景気が続くなど景況は常に変動している。現代企業は、高度情報化、グローバル化の進展、昨今の新型コロナウィルス感染症対策を意識した働き方改革など、めまぐるしく変化する環境に創造的に適応する人事システムを構築しながら、存続・成長を目指し経営している。

　本章では、日本的経営のなかでも、終身雇用、年功序列、企業別労働組合の仕組みを説明し、時代の流れを踏まえた日本的経営の変容についてふれる。

1．終身雇用

　終身雇用とは、「身が終わるまで雇用される」ことであり、正社員として雇用された場合に働く者として身が終わる（つまり、定年を迎える）まで解雇されることなく働き続けることができる慣行のことである。これは、戦後、日本経済を躍進的に復興・成長させた日本企業の経営手法と欧米の経営手法とを比較した文化人類学者アベグレン（James Christian Abegglen）が、『日本の経営』（1958年）で示した日本企業にみられる特徴的な経営の慣行である[1]。

　業績が振るわないとき、アメリカ合衆国ではレイオフ[2]により労働者数を減らして調整する傾向が強いが、日本では価格的調整（賞与カットや労働時間の短縮など）により人件費を削減する傾向が強い。日本企業は、就業規則で定めている解雇事由に該当する行為がなければ、定年まで正社員として雇用することを終身雇用制度で保障しているからである。アベグレンは、この慣行を企業と従業員間の社会契約であると表現し、「会社ではたらく人たち全員の経済的な安全を確保するために全員が協力するという約束である。」としている[3]。

　企業が積極的に終身雇用の制度を導入していた1950年代は、神武景気（1954年12月～1957年6月）、岩戸景気（1958年7月～1961年12月）と名付けられた好況期で、大量に生産・流通・消費する「つくれば売れる時代」であった。そのため、多くの企業は労働力不足という経営課題を抱え、労働者を多く確保することが企業経営にとって不可欠であった。そこで、終身雇用という長期雇用の制度を示すことで安心を与え、新規学卒者の一括採用に結び付けることで経営課題の改善を狙った[4]。また、長期雇用をすることにより、企業にノウハウを蓄積できる効果もあり、終身雇用は慣行化されてきた。

2．年功序列

　年功序列とは、年齢や勤続年数など企業で積み重ねてきた経験、つまり年功

に応じて昇進や昇格、賃金を決める人事システムに関する慣行のことである。

　年齢や勤続年数が高まるほど職位や賃金が高まる傾向は、日本以外の諸外国においてもみられる。日本においてもすべての人が年功とともに昇進・昇格をするとは限らず、完全なる年功序列ではない。「日本的」と称される理由は、「年齢の序列と賃金や地位の序列の逆転をなるべくさけようとする人事慣行」である点にある[5]。その結果、年功と賃金の間に強い相関がみられる。

　企業は、勤続期間が長い労働者ほど多くの教育を受けており、その成果として企業が求める人材に成長していると考える。よって年功序列は正当に機能すると捉えられてきた。労働者は雇用や地位を巡る安心感に加えて、勤続年数を積む（年功を積む）ほど「生活が安定し、生活の質を向上させることができる」という期待感を高める。

　終身雇用に加えて、この年功序列の人事システムを慣行とすることにより、労働者は雇用され続け昇進や昇格ができる期待感から企業への忠誠心とモチベーションが高まる。その結果、企業は高い生産性の維持を可能とし、さらなる企業経営の成長をもたらしてきたため年功序列は慣行化されてきた。

3．企業別労働組合

　企業別労働組合とは、個別の企業を単位とする企業別に労働者を組合員として組織化した、日本において多くみられる労働組合のことである。一部の管理職を除く、雇用されているすべての労働者が組合員となる。日本には少なく諸外国に多い産業別労働組合（企業の枠を超えて同じ産業に従事する労働者によって組織される労働組合）や職種別労働組合（企業や産業の枠を超えて同じ職種に従事する労働者によって組織される労働組合）とは異なる特徴を有している。日本においては、属している特定の産業や職種に帰属意識をもっている労働者は少なく、勤務している企業に対して帰属意識をもっている労働者が多いため、企業ごとに企業内に組織された企業別労働組合がより有効となる。

　企業別労働組合は、事務職や営業職、販売職、技術職、研究職といった職種に関係なく、企業と長期的な雇用関係があれば企業内の労働者が同一の組合員

となるため、企業の存続・成長をはじめとする企業と労働者の利害が一致しやすく、労使の協力体制を築きやすい特徴がある。一方で、労働者が経営側に対して賃上げや労働条件改善を求めるような労使間交渉の場面などでは、組合の交渉力が強くなる特徴もある。

労働組合としての歴史は、18世紀半ばに始まった。産業革命によって、熟練労働者が多く働いていた工場に未熟練労働者が溢れるようになったことで、労働者の賃金が下げられる一方で、経営者の利益が大きくなったことに不満を持つ労働者が団結し、労働組合が結成されるようになった。このように、労働者の権利を守る仕組みとして導入された労働組合だが、日本においては近代化政策とともに現れた工場労働者により初の労働組合が結成されたといわれている。

戦時中、国内の全ての労働組合は解散させられたが、かわりに戦争協力を目的とした労働団体組織「産業報国会」が職場ごとにつくられた。産業報国会は、労働者に働きかけて士気を高めることを目的とした組織であったが、労働組合の経験者が起用される例が多く、労働者の不満を吸収・解決するなどの機能も果たしていた。そして戦後、終身雇用が慣行化し、労働者の企業に対する帰属意識が強くなったこともあり、企業単位で捉える企業別労働組合が固定化していった。

現在も、日本においては大企業を中心に多くが企業別労働組合を有しているが、労働組合の幹部経験者が経営者に出世するなど、労働者と経営者が一体化している傾向が強い。

しかし、雇用の流動性が高い諸外国においては、労働者と経営者が一体化する傾向は見受けられないため、同一産業に属する労働者間の競争を排除し、一定の権利を手にするために、産業別労働組合や職種別労働組合が多くみられるのである。産業別労働組合や職種別労働組合では、同一労働同一賃金を実現しやすく、その結果、同業間での転職が容易となり、雇用がさらに流動化する傾向がみられる。

第2節　日本的経営の変容

　日本的経営と称される日本企業にみられる共通した特徴的な慣行は、景気拡大期には有効に機能し、企業を成長させ好況を後押ししてきた。特に、高度成長期に多くの企業が抱えていた労働力不足という経営課題を終身雇用、年功序列、企業別労働組合を切り札に多くの新規学卒者を一括採用することで改善した。また、低賃金の若年者を労働力とすることで人件費の抑制効果をもたらせたり、労働者の生活の安定と質の向上を実現することで帰属意識を高め、生産性を向上に繋げ、企業規模を拡大させることでポストを増やし年功序列を機能させてきたりした。さらに、企業の労使間の実態に即した課題解決を企業別労働組合で対処することで、安定した労使関係を構築・維持してきた。

　しかし、バブル景気が崩壊した1990年代以降、日本的経営は揺らぎをみせている。日本的経営が見直されることとなった背景と日本的経営の現状について考える。

1．日本的経営が変容した背景

　日本的経営が見直されることとなった背景には、長期にわたる不況がもたらした労働市場の変化、IT革命の影響、労働者の意識変化など、様々な要因がある。

　1990年代以降、企業においては経営環境の変化を見極め、企業が存続・成長するために従来の事業を見直し、不採算部門から成長部門へ経営資源の再配分をしたり、組織を簡略化したりして、業績改善を目指した事業の再構築に努めた。また、海外への生産拠点の移転が進んだことに伴い、国内工場を中心に長期雇用の慣行に変化がみられ、非正規労働者が多くなった。

　経営資源である「ヒト」に関してもミスマッチが生じ、従来から現有していた労働者に余剰が出る一方で、必要とする能力を有している労働者を中途採用する動きが目立った。

　また、「つくれば売れる時代」が終焉し、モノが市場に溢れる飽和時代を迎えたことで、企業では多様なニーズを満たす製品開発が求められるようになり、労働者にも市場を先読みする創造力などが求められるようになった。さらに、情報技術の急激な進歩と浸透によって企業経営に求められる変革のスピードが加速した。しかし、長引く不況下で業績が芳しくない企業においては、これらの環境変化に対応した人材育成に充てる時間と費用に余裕が無いうえ、「OJT（On the Job Training）」による社内の人材育成が機能しないため、「即戦力」となる人材を中途採用で確保する企業が増えるなどの状況下で、終身雇用と年功序列の慣行が見直されるようになった。

　労働者側も、生涯同じ企業で働き続けたいと考える意識が薄れ、自己実現のために資格を習得し、適性に応じて転職を望む傾向が強まった。労働者自身の生き方・職業意識が多様化したことに加えて、転職しやすい新たな労働市場が創造されたことも雇用の流動化に拍車をかけた。このように企業内外を取り巻く環境変化により、企業にとっては日本的経営の慣行は足かせとなり、労働者にとってはメリットが薄れているといった指摘を受ける機会が増えた。しかし近年、終身雇用や新規学卒者の一括採用の見直しを議論すべきだという指摘が経済界から聞こえ、転職市場が整備されたり、従業者自身のキャリア形成の意識や帰属意識が変化したりするなど、日本的経営の三種の神器といわれたこれらの人事システムは転換点を迎えている。

2．日本的経営の現状

　日本的経営の問題点を指摘する声が高まり始めた2000年代、アベグレンは、ILO（国際労働機関）が発表した2000年の日本人の平均勤続年数が1992年よりも長くなっていることを理由に、日本企業において終身雇用が崩壊したとする指摘に反論している[6]。厚生労働省の調査などでは、日本企業において定年制を定めている比率は9割を超えているものの、パートタイム労働者や派遣労働者に代表される非正規労働者の割合は確実に増加している。

　1993年以降、「年功は能力ではない」という認識の下、年功序列を見直す企

業が増え、労働者のモチベーションを高め目標達成意欲を駆り立て意識改革を促すことを期待して、業務の成果を評価して昇進や賃金を決定する成果主義による賃金制度を導入する企業が台頭した。しかし、高い評価を得るために達成可能な低い目標を設定する労働者が存在するなどの新たな課題が浮上し、この課題を改善するために、成果に加えて能力も評価する制度に見直す動きがあるなど、年功序列で賃金を決める慣行は変化している。

　企業別労働組合に関しては、労働条件を改善することよりも雇用確保に重点を置かざるを得ない時代もあり、労使間は対立するよりも協力関係がみられることも少なくはなく、企業内労働組合の役割は低下している。もとより組合組織率が低かった第3次産業に労働者数がシフトしていることもあり、組合そのものの存在意義が著しく低下したとアベグレンは指摘している[7]。

注

1 ）James C.Abegglen, 1958, *The Japanese Factory-Aspects of its Social Organization*, Free Press.（山岡洋一訳『日本の経営』日本経済新聞社、2004年）「終身の関係（lifetime commitment）」とされていたが、のちに一般的に「終身雇用制」と呼ばれるようになった。
2 ）景気回復後に再雇用する条件で解雇する制度のこと。
3 ）James C.Abegglen, *21st CENTURY JAPANESE MANEGEMENT : New Systems*, Lasting Values 2004,（山岡洋一訳『新・日本の経営』日本経済新聞社、2004年）118頁。
4 ）伊丹敬之・加護野忠雄『ゼミナール経営学入門』第3版　日本経済新聞出版社、2004年、227〜229頁。
5 ）加護野忠雄・吉村典久『1からの経営学』碩学舎、2008年、60頁。
6 ）伊丹敬之・加護野忠雄『ゼミナール経営学入門』第3版　日本経済新聞出版社、2004年、229頁。
7 ）前掲書、119〜130頁。

第13章　商業の生成と発展

第1節　商業の発生

1．交換と売買

　私たちは、日常的にお店（商業）での買物を通して多様なモノ（財）を手に入れている。では商業が登場する以前の人々は、どのようにして財を手に入れていたのだろうか。もっとも初期段階の時代における社会では、人々は自然の動植物を採取・狩猟することで生計を立てていた。すなわち、必要なものを自分で生産し消費する自給自足によって生活が営まれていた。こうした状況では、基本的に交換が生じることはないため商業の存在はない。ただし自給自足の生活とは、必要なものすべてを自分で賄わなくてはいけないため、多様な財を手に入れることは難しい。

　その後、農耕の発生など社会の生産力が増大することで余剰生産物が生じ、次第に交換がおこなわれるようになる。人々はこうした交換を通して自分に必要な財を揃えるようになっていく。さらに特定の財の生産に専門化することでより効率的に生産することができる。つまり、生産は自分の消費のためではなく、後で誰かと交換するために生産されることになる。このような、生産する人と消費する人が分離する社会を分業社会という。現代はこうした分業が高度に発達した社会にあるといえる。

　当初、交換は物々交換がおこなわれていたが、現代では貨幣による売買が通常となっている。ただし、物々交換の成立には相互に欲しいものが一致するだ

けでなく、その量や交換のための比率が一致しなくてはならない。しかし、すべての一致は現実的に困難である。そこで、こうした困難性を緩和するものとして貨幣が登場する。貨幣は誰に対しても共通の尺度として機能し、それはいつでも、何とでも交換でき、分けることも可能である。この結果、交換は貨幣を介在させることで一方の要件が満たされれば成立することになる。つまり、貨幣による売買となることで、交換は容易になり一般化されていくのである。

2．商業と流通

　分業社会は交換を前提としており、それぞれの専門化を進めていく。そうした流れの中で、売買による交換を専業とする商業者が現れることになる。既述のように分業社会は生産と消費が分離することから、両者をつなぐ流通が必要となり商業者がそれを担うのである。

　そもそも商業が生産と消費の間に介在できるのは、流通を効率化することができるからである。すなわち商業者が多くの生産者から仕入れ、多くの消費者に販売することで、そこにはさまざまな商品が集中されるだけでなく、生産や消費に関する情報も集約される。この結果、売買が集中された商業者には多様な生産者からの商品の品揃えが形成され、消費者が自身の望む商品と出合う可能性も高くなり、取引の回数や商品の探索数が効率化されるのである（図表13-1）。つまり、消費者は直接に各生産者のもとへ赴くよりも格段に買物の負担が小さくなり、同様に生産者も消費者に直接販売するよりも容易に多くの販売をすることができる。

図表13－1　商業がいる／いない場合の取引数と商品探索数の比較

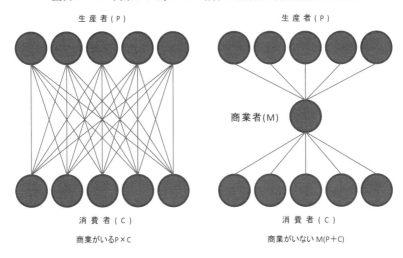

第2節　卸売商と小売商

　図表13－1のように商業の介在は流通を効率化させるが、果たして1つの巨大な店舗にすべての売買を集中することが効率的といえるだろうか。容易に想像できるように、それが決して便利でないことはわかるだろう。というのは、ちょっとした買物にも膨大な時間や手間がかかってしまうからだ。

　だからこそ、生産と消費の間に介在する商業は小売商だけでなく、問屋などの卸売商といった複数の段階がある。ここで小売商とは最終消費者に販売する商業者であり、それ以外に販売する商業者を卸売商という。また小売商だけを見ても、それは様々な業種や業態が存在する。つまり、商業には段階や部門、業態の多様な構成があるということだ。

　図表13－2は流通の多段階構成を示しているが、生産と消費の間には収集・中継・分散の段階があることがわかる。例えば農産物など産地が小規模で各地に分散している場合は、一旦それらを収集し、中継段階で各種商品を組替えながら分散していく。このような過程を経ることで、小売商の段階で多様な商品

の品揃えが形成されることになり、消費者も容易に多様な商品を購入することができるようになる。

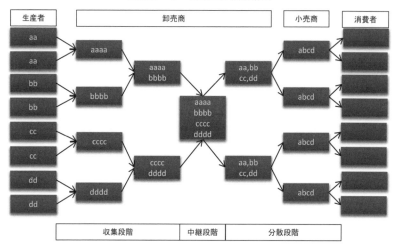

図表13－2　商業の多段階構成

要するに、小売商と生産者が単純に直接取引すれば効率的になるのではなく、卸売商の介在がむしろ流通を効率化させているのである。さらには、収集から中継、分散の過程を経るなかで、さまざまな商品の組替えがおこなわれ、消費者にとって有用な品揃えが形成されていくことになる。

　流通が多段階に構成されるのは、品揃え形成をするためだけではない。現代の生産体制をみたとき、多くの大規模メーカーが大量生産をおこなっている。生産が大量になればなるほど、大規模で広域な市場が求められる。仮に単独の生産者が自ら販売をしようとした場合、空間的にはせいぜい数km程度の範囲が限界であるが、それでは市場が圧倒的に不足することになる。つまり、大量生産をおこなう生産者はより広い市場が開拓されなければならないが、それはどのように可能となるのか。

　例えば、商業者が販売の専門家として１店舗で1,000人の消費者を引き付けることができるとしよう。生産者からすると取引する商業者が増えるほど、空

間的な市場が広がることになる。もちろん、生産者と直接取引する商業者が際限なく広がるわけではない。生産者からすると、取引する商業者が増えれば増えるほど商業者は空間的に広がり、結果として非効率になる。

　このとき商業者が小売商だけでなく、卸売商も介在することで、その非効率さは大幅に改善される。仮に1つの卸売商が50の小売商と取引できるとすると、その先には5万人の消費者との取引があることを意味する。したがって、もし生産者が5つの卸売商と取引すれば、間接的であるとはいえ250店舗の小売商と取引することを意味し、さらには25万人の消費者と取引できる可能性がある。このように考えると、流通において卸売商と小売商が介在することによって、市場が幾何級数的に拡大されていることがわかる。このような役割を商業者の市場拡張機能という。

第3節　商業の発展

1．小売業態の発展

　近年の小売業界では豆腐屋や八百屋などの伝統的な業種店は減少の一途をたどっている。他方で、コンビニエンスストアやドラッグストアなどの小売業態が成長している。一般的に業種は「何を売るか」、業態は「どのように売るか」の違いであるとされている。すなわち業態店とは、業種の壁を超えた品揃えを形成していたり、独自の経営形態を展開したりする小売業である。代表的な業態としては、先にあげたものの他に百貨店、総合スーパー、食品スーパー、ホームセンター、ユニクロのようなSPA（speciality store retailer of private label apparel）などがある。

　小売業態の発展を説明するものとして「小売の輪」理論が代表的である。新しい小売業態は低価格を武器に参入することが多い。しかし、それが消費者に受け入れられて業容が拡大すると、新店舗の出店や支店を管理する本部運営などのコストが必要になる。参入当初は低価格を武器にしていた業態も高コストになり、次第に高価格店化することになる。この結果、低価格を求める消費者

の需要を満たす業態がいなくなり、そこに新たな低価格を武器にする業態が参入できる空白地帯ができる。つまり、小売業態の変化は輪が回るように繰り返されるとしたのが「小売の輪」理論である。

　他方で消費者には中・高価格帯を求める需要もあり、そうしたニーズを満たす業態が参入するパターンもある。つまり、「小売の輪」のように一方向に回るのではなく、需要の空白部分（真空地帯）を満たす新業態が登場するという「真空地帯理論」の考え方も存在する。

2. 情報化による流通・商業の変化

　消費者に生活用品が行きわたり、物的には豊かな社会が実現されると、人々の生活は個性化が進みニーズの多様化をもたらす。それは単純な大量販売ではなく、多品種でよりきめ細かい消費者への対応が必要となる。この対応を大きく前進させたのが、情報技術の発展とそれによる情報ネットワーク化であった。1980年代以降になると、コンビニエンスストアで導入されたPOS（point of sales）システムが本格的に稼働し始める。これにより単品ごとの販売状況や在庫状況などをネットワーク上で迅速に把握できるようなった。さらにメーカーと小売商は、直接的に取引関係を結ぶことができるようになったことから、卸売商が中抜きされてしまうなど、流通のあり方にも変化をもたらした。

　消費者の需要動向に関する情報をもっとも保有する小売商の立場が、卸売商やメーカーに対して強くなっており、このことは、大手メーカーが小売商の独自商品としてのPB（private brand）を共同開発するなど、その主導権が小売商側にシフトしていることにあらわれている。また、情報化は主導権の変化だけでなく協働的な側面ももたらしている。例えばコンビニエンスストアの多頻度小口配送は、小売商だけで実現するのではなく、取引関係にあるメーカーや卸売商なども情報共有することで実現しているのである。こうした全体のつながりを最適化する視点をサプライチェーン・マネジメントという。今後の流通機構は、物流業者などさまざまな主体を含めた全体としての効率化・最適化が求められるようになる。

3．eコマースの発展

　近年、インターネットの普及を背景としてeコマース（EC）を中心とした通信販売が拡大している。ECにはBtoB（企業間取引）、BtoC（企業から消費者向け）、ネットオークションやフリーマーケサイトのCtoC（個人間取引）といった多様な形態がある。ここでは主に小売りとしてのBtoC-ECを念頭においている。ただ、それでも生産者がインターネットを活用する直販するタイプ、Amazonのような仕入れた商品をインターネット販売するタイプ、店舗型小売業が販売経路をインターネットにも多角化するタイプ、楽天のようなECモールといった多様な形が存在する。

　ECの躍進によって店舗型小売業の位置づけが低下するといわれることもあったが、現在では両者は対立的なものというよりは、双方を統合的に管理して消費者により高い利便性を提供しようとするオムニチャネル化が重視されるようになっている。

参考文献

石原武政・矢作敏行編『日本の流通100年』有斐閣、2004年。
石原武政・竹村正明・細井謙一編『1からの流通論（第2版）』碩学舎、2018年。
大阪市立大学商学部編『流通』有斐閣、2002年。
名古屋学院大学商学部編『商業概論』中央経済社、2019年。

第14章　マーケティング

第1節　マーケティングの理解

　インターネットの進展、エコロジーに対する消費者意識の高まり、グローバル化によってビジネス活動はより高度化している。企業は、変化する顧客に対応するための戦略的計画や管理の重要性を認識しなければその存続や発展は不可能になってきており、顧客の獲得と維持に大きく関わるマーケティング活動は、動態的な市場に対してますます重要になっている。

　マーケティングは、20世紀初頭のアメリカで誕生した比較的新しい学問であり、その定義は消費者、社会、経済状況、ライバル企業の変化に合わせて時代とともに大きく変化している。それは、マーケティングが常に顧客を中心とした学問であり、変化する外部環境とともにマーケティングの対象領域は、当初の商品やサービスを対象とした狭い範疇からアイデアにまで広がりみせている[1]。さらに、2004年の定義では顧客との間で「価値」を創造することが中心となり、その主体も営利企業に限定されることなく、非営利組織（政府、学校、生協、NPO等）、あるいは株主、顧客、取引先、従業員、地域住民などの利害関係者であるステークホルダーにも踏み込んで定義されている。2007年の定義では、マーケティングの機能やプロセスだけではなく、その活動や制度についても言及している。これまでの定義の中核概念であったマーケティング管理（マーケティング・マネジメント）的な要素に加えて、交換、社会全体という広い概念を用いることにより、マーケティングが果たす役割や重要性が一層増して

いることを意味している。

　マーケティングは、理念と行動の2つの側面を有しているが、理念はマーケティングの基本的な考え方を示すものであり、それは生産志向、製品志向、販売志向、マーケティング志向、そして社会志向へと変化してきた。生産志向とは、日本の1960年代が相当するが当時は需要に対して供給が不足しており、市場が未成熟な段階であったため企業にとって生産力そのものが価値であり、生産性の向上が企業戦略における競争優位になっていた。次の段階は、製品志向と呼ばれ、顧客は製品を比較することにより、品質面で高性能・高機能な商品を求め始めたことから、企業はこれにこたえるような商品の開発・改良によって競合他社との差別化を図ることにより競争優位を獲得しようとした。また、第3段階の販売志向では、企業間競争が激しさを増し、商品の優劣や差別化を強調した製品力だけで販売することは困難になってきたため作ったものをいかにして売るかというプロダクトアウトの考え方のもとで、特に広告や人的販売などが活動の中心となる。次の第4段階は、マーケティング志向（顧客志向）と呼ばれ、ターゲットとなる市場や消費者のニーズを掴み、消費者が求めるものや満足できるものを販売する市場の動向を見据えた企業活動が重要視されるようになる。そして、今後のコンセプトとして提案されているのが社会的志向（人間志向）である。地球環境問題などの高まりによって企業は社会や自然環境など社会全体との調和を求められ、商品とそれを購入する消費者の社会的な役割や関係を考慮しながら提案することが企業のマーケティング活動において重要になっている。

第2節　マーケティング・プランの策定

　企業がマーケティング活動を進める際には個々の製品・サービスや事業のマーケティング目標を明確にすることが重要である。マーケティング目標とは、企業の展開する個々の製品・サービスや事業について、一定期間の売上、マーケットシェア、利益率等について具体的に設定することである。マーケティング目

標を決定すると、その目標を達成するためにマーケティングのSTPを明確にする。マーケティングのSTPとは、セグメンテーション（Segmentation）、ターゲティング（Targeting）、ポジショニング（Positioning）であるが、誰に対して、如何なる価値を提供するのかという問題を明確にするための手法である。

1．セグメンテーション（Segmentation）

　セグメンテーションでは、市場をさまざまな変数によって細分化し、標的市場として絞り込むための準備をする。一般的に市場を細分化することを、マーケット・セグメンテーションと呼び、細分化された変数はセグメントと呼ばれる。セグメンテーションは、さまざまな切り口で分類されるが、代表的な分類方法は、「人口動態変数（Demographic Variables）＝年齢、家族構成、性別、所得、職業、教育水準、宗教、人種、世代、国籍、社会階層などの属性で区分する方法」、「地理的変数（Geographic Variables）＝国家、地域、都市・市町村など地理的な属性で区分する方法」、「心理的変数（Psychographic Variables）＝価値観、ライフスタイル、性格、個性、嗜好性などで分類する方法」、「行動変数（Behavioral Variables）＝製品の利用状況や購買頻度、製品に求める価値、製品に対する態度などの属性により分類する方法」が多く使用される。

2．ターゲティング（Targeting）

　市場細分化によって各セグメントの市場機会が明らかになると、どのセグメントに向けてターゲットを設定するかを決定する。ターゲットを定める場合には、市場規模や成長性、セグメントの有する魅力度、自社の戦略との整合性、必要なスキルや資源を有しているかなどを考慮する。その際には、SWOT（TOWS）分析などの分析フレームワークが有効とされている[2]。

3．ポジショニング（Positioning）

　ターゲットが決定されると、マーケティング・ミックスを展開するかを決定することになるが、自社の製品やサービスをどのようなポジションに位置づけ

るのかを決定する必要がある。そのため企業は製品・サービスを顧客に対して如何なるベネフィット（便益）を提供することができるのかというマーケティング・コンセプトを設定する。

第3節　マーケティング・ミックスの策定

　コンセプトが決定されると、具体的な活動に落とし込むためにマーケティング・ミックスを策定する。具体的には、市場に提供する4P、製品・サービス（Product）、価格（Price）、流通・販売経路・場所などの流通（Place）、販売促進活動や広告などのプロモーション・コミュニケーション（Promotion）を商品やターゲットの特性に合わせて意思決定を行うことである。近年では、顧客中心主義という視点から、顧客価値（Customer value）、顧客コスト（Customer cost）、利便性（Convenience）、コミュニケーション（Communication）という4Cという考え方も提唱されている[3]。

1．製品・サービス

　現代社会における消費者にとっての製品の持つ意味合いは、性能・性質や物理的属性だけではなく製品のもつ心理的特性や意味合いや製品に付随する顧客サービス、消費者のブランド・企業に対するイメージなども重要である。したがって、製品は単に物理的特性だけではなく、より拡大した商品として捉える考え方が必要になってくる[4]。

　P．コトラー（P. Kotler）らは、製品の概念を「製品とは、あるニーズを充足する興味、所有、使用、消費のために提供されうるすべてのものを指す。それは、自動車や書籍などの物理的財・有形財（physical product）や理美容コンサートなどのサービス、人間、場所、組織、アイデアを含んでいる。それは、提供物（offer）、価値のパッケージ（value package）、便益の束（benefit bundle）とも呼ばれうる。」と述べており、売買取引において顧客が識別し、評価することができるすべての要素を含んでいると説明している[5]。

　製品の概念は３つの階層レベルに分類することができる。その中核をなすの
は、消費者や生活者がある製品に期待する便益・サービスであり、消費者が製
品を購入するのは、生活をしていくうえで必要となるニーズを具体化したり、
充足したりするモノやサービスである。そして、製品の中核となる便益を取り
巻いている２つ目の階層は、実質的に製品を形成している成分、品質、特徴で
あり、主にイメージを形成しているスタイル、パッケージング、ブランドなど
の感覚部分である。さらに、その周りを取り巻くのが保障、アフターサービス、
取り付け、配達、信用供与など製品売買によって生じるさまざまな付加部分で
ある。

図表14－１　製品の３層構造モデル

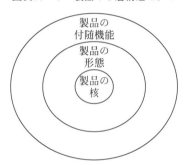

２．価格

　顧客が製品・サービスを購入するかどうかは、製品購入のために支払う金額
も重要な要素となる。価格政策では、製品価格の設定と管理の側面がある。価
格の決定方法は、需要と供給のバランスやコスト、競争、需要の３つを考慮し
て考えられる。コスト重視型の代表的な方法はコスト（製造原価や仕入原価）に
マージン（利益）を加えて価格を決定するコストプラス法がある。また、ライ
バル企業の同種の製品の価格を参考に設定する競争重視型の価格設定方法、あ
る製品やサービスにおける値ごろ感を調査し、それに見合う価格を設定する需
要志向型の方法がある。さらに、需要志向型のなかには、名声価格、慣習価格、

端数価格、価格ラインと呼ばれるサービスのベネフィットに対する消費者の知覚や心理的な反応に基づいて価格設定をおこなう方法がある。このうちの一つを選択するのではなく、それぞれを組み合わせて価格設定はおこなわれる場合が多い。

3．流通

　流通の役割は、生産と消費の間にある時間、場所、社会の隔たりを埋める架橋である。具体的には①商的流通＝所有権の移転による取引の流れ（社会的隔たりを埋める）、②物的流通（物流）＝輸送業、倉庫業等が担当するモノが移動する流れ（場所的隔たり、時間的隔たりを埋める）、③情報流通＝情報が移動する流れ（販売情報や商品に関する情報等の交換）がある。

　商的流通における生産者の意思決定は、商品の特性や企業のマーケティング戦略などを考慮してチャネルの長さ、幅、開閉度などが決定される。チャネルの長さは、①生産者→消費者、②生産者→小売業者→消費者、③生産者→卸売業者→小売業者→消費者、④生産者→卸売業者→卸売業者→小売業者→消費者と介在する当事者が多くなればなるほどチャネルは長くなる。チャネルの幅とは、当該商品を取り扱う小売店の数とそれらの空間的広がりを意味する。また開閉度とは、併売か専売かを意味している。

　チャネルの構築にあたっては、購買頻度の高い最寄品などは、チャネルは広く、長く、開く傾向になるように、購買頻度が低い専門品は逆のチャネル開発が行われる場合が多く、提供する製品の性格、生産者の能力、消費者の購買行動が考慮される。

4．プロモーション

　プロモーション（広義）とは製品に関する情報を多くの消費者に対して発信する情報提供活動であり、その意思決定は情報（メッセージ）の内容や伝達手段を検討することで、広告、人的販売（販売員活動）、パブリシティ、セールスプロモーション・販売促進（狭義）の４つに分類される。広告とは、有料のメ

ディア（媒体）を通して、メッセージを非人的な方法で伝達する手段であり、媒体としては、テレビ、ラジオ、新聞、雑誌といったマス媒体をはじめ、ダイレクトメール、電車の中吊り、屋外看板、新聞などの折り込み、インターネットなどさまざまな手段がある。人的販売は、セールス・パーソンによる販売促進活動を指すが、他のプロモーション活動と比較して双方向のコミュニケーションができることが特徴である。パブリシティ（publicity）とは、報道機関に自社の企業活動や製品に関する情報を提供し、ニュース、記事、番組として取り上げてもらう方法である。販売促進活動（狭義）は、さまざまな活動があるが、景品（プレミアム）、サンプル、ノベルティ（記念品）、展示会などがよく知られている。

　プロモーション活動は、これまでマスメディアを中心とした一方通行型のプロモーションが主流であったが、近年ではSNSや口コミなど顧客との双方型のコミュニケーションが主流となっている。企業は、予算や商品特性などと照らし合わせて顧客と価値を共有できるような効果的なプロモーション（コミュニケーション）・ミックスをおこなう必要がある。

注

1）詳しくはAMA（アメリカン・マーケティング協会）ホームページ、P.コトラー著『マーケティング3.0』、を参照のこと。

2）この手法は、もともとサンフランシスコ大学 ビジネス&マネジメント・スクール教授のハインツ・ワイリック（Heinz Weihrich）が「The TOWS matrix：a tool for situational analysis」（1982年）に提唱したものであり、企業の経営戦略や国の競争優位の研究、戦略策定の定式化のために考案されたとされている。フィリップ・コトラーも、外部環境が内部環境要因によって、限定されてしまうなどの問題を回避すべきであるとの観点からSWOT分析は、TOWS分析と呼ぶべきと提唱した。

3）1980年代、University of North Carolinaのロバート・ラウターボーンは、顧客側に立った視点マーケティング・ミックスの新たな発想である4Cを提唱している。

4）T. レビット（T. Levitt）は、製品とは消費者が購入するのは物理的な実在ではなく、製品の使用価値から得ることができる便益や問題解決であると述べている。例として、「4分の1インチのドリルの購入者は、ドリルそのものを購入したいと考えたのではなく、4分の1インチの穴を購入している。」として消費者の製品購入の意味について述べている。

5) P. Kotler and G. Armstrong, Marketing : An Introduction, 4th Edition. Prentice-Hall, Inc., 1999, P. コトラー, G. アームストロング, 恩蔵直人監修、月谷真紀訳『P. コトラーのマーケティング入門』株式会社ピアソン・エデュケーション、2007 年、pp.269-270。

第15章　企業とキャッシュ・フロー

第1節　「儲け」とキャッシュ・フロー

　企業の形態はさまざまあるがそれを一般化して捉えると、企業の目的はズバリ「儲けること」である。では企業が儲けているかどうかは、どうやって分かるのだろうか。それについての答えは、企業の決算書を理解することにある。

　本章のテーマは、企業の「儲け」を理解するために会計学の考え方を通じて決算書について学ぶこと、および企業の「儲け」とキャッシュ・フローの関係についてのイメージを構築することにある。

第2節　儲けとは何か

　儲けるとはどういうことなのか。儲けは、会計学的視点において、利益という。では、利益はどうやって生み出されるのか。それは資本を元手（これを元にしてという意味）に企業活動を行って利益を生み出すのである。つまり、企業がお金を生み出すために経済活動を行った結果、生み出されたものが利益である。そのため企業が行う経済活動とは、お金を新たなお金を生み出す可能性のあるモノに変え、それらを運用することによって新たにお金を生み出す活動であるといえる。つまり、企業が行う経済活動とはお金を運用して新たなお金を生み出すという流れにおいて、キャッシュ・フロー（お金の流れという意味）活動なのである。

企業が行うキャッシュ・フロー活動は、以下の通りおこなわれる。

①お金　→　モノ　→　②お金[1]

①＜②

つまり、②－①＝利益

第3節　決算書とは何か

　会計の一つの目的として「決算書を作成すること」があげられるが、決算書とは、企業の決算時点の状況を表す書類である。決算時点とは、ある一定の期間（これを会計期間といい、その典型が1年間である）の最後の日を指す。決算書を会計用語では、財務諸表という。財務諸表とは、企業の財務状況に関する幾つかの財務表の集まりということである。財務表とは、企業の財務状況、言うなれば企業のキャッシュをどのように管理にしているかを示す表ということである。管理とは、企業のキャッシュに関する活動状況、つまり企業がどのようにキャッシュを集めてきて（調達という）、それをどのように使っているのか（運用という）をしっかり記録に残して、それを関心のある人々に伝えるということである。すなわち、財務諸表は、企業のキャッシュ・フロー活動状況を示すいくつかの表なのである。

　ここで財務諸表のイメージをつかみ易くするために、会計のお約束について触れる。そのお約束とは、「物事を2面で捉える」ということである。もう一つは、「左側の（合計）金額＝右側の（合計）金額」ということである。例えば、

　（左側）キャッシュが増えた＝（右側）どういう理由でキャッシュが増えたのか

　（左側）どのようにキャッシュを運用しているのか＝（右側）キャッシュが減った

といった具合である。

　つまり一方でキャッシュの増減が示されるのに対して他方でキャッシュの増減に関する原因が示されるのである。この作業を仕訳（しわけ）という。企業の出来事すべては、仕訳というフィルターを通じて２面のキャッシュ・フロー活動に分けられるのである。企業の出来事を仕訳で示した後にこれを表としてまとめたものが財務諸表ということになる。そのイメージ図は、以下の通りである。

図表15－1　財務諸表（イメージ図）

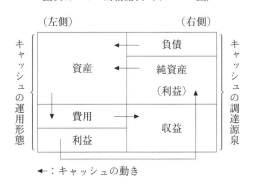

←：キャッシュの動き

　財務諸表はキャッシュの使い方の性質上、資産、負債、純資産、収益、および費用の５つのグループに分けて構成される（当期純利益は１つの項目であり、グループではない）。しかし、キャッシュ・フローの観点からは、キャッシュをどのように調達してきたのか（調達源泉）とキャッシュをどのように運用しているのか（運用形態）の２面の動きで捉えるのである。

第4節　企業のキャッシュ・フロー活動

　この企業が行うキャッシュ・フロー活動を簡単な例題を通して見ていこう。

例題

①　社長（株主）が出資金100を元手に事業をスタートさせた。

②　銀行より現金100を借り入れた。

③　商品を売りに行くために必要な自動車50を購入し、代金は現金で支払った。

④　商品150を購入し、代金のうち100は現金で支払い、50は後払いとした。

⑤　商品150を300で売り上げ、代金のうち半分は現金で受け取り、残額は後で受け取ることとした。

⑥　決算となり、当期純利益を確認する。

解説

①の場合、企業は社長からキャッシュをもらったことになるので、まず現金100が増える。このキャッシュは、企業にとってこれから企業を運営していく際の元手となるものなので、資本金を100増やす。

②の場合、現金が100増える。と同時に借金も増えるので借入金100が増える。

③の場合、自動車50が増え、現金50が減る。

④の場合、商品150が増えると同時に、現金100が減り、後で支払わなければならない借金（買掛金）50が増える。

⑤の場合、商品150を300で売り、代金のうち半分を現金で手にするので、現金150が増え、後でキャッシュをもらえるもの（売掛金）150が増える。同時に商品を売ることで稼いだ売上300が発生する。また商品150を売ることで手許から無くなるので、商品150が減るが、これは売上を稼ぎ出すために必要不可欠な売上原価を意味するものなので、それが150発生する。

⑥の利益の計算は、2種類の計算方法によって求められる。

一つが損益計算書を通じて求める方法で、もう一つが貸借対照表を通じて求める方法である。それぞれの計算方法は、後述することとする。

この結果①の取引によって始まった企業活動は、決算後の⑥の段階では次の通りとなる。

図表15－2　例題

(左側)　　　　　　　　(右側)　　　　(左側)　　　　　　　(右側)
①の段階　　　　　　　　　　　　　　⑥の段階
(単位：円)　　　　　　　　　　　　(単位：円)

資産		負債	
現金	100		0
		純資産	
		資本金	100
	100		100

資産		負債	
現金	200	買掛金	50
売掛金	150	借入金	100
自動車	50	純資産	
		資本金	100
		当期純利益	150
費用		収益	
売上原価	150	売上	300
当期純利益	150		
	700		700

　このようにキャッシュは、新たなキャッシュを生み出すために企業の中を絶えず巡っているのである。このキャッシュの流れ（フロー）が滞り、いろいろな支払いが出来なくなると、企業は倒産する。そのため、キャッシュは「企業の血液」であるといわれている。

　また上述の例題からも分かる通り、キャッシュ・フローという表現には現在の現金の流入出のみならず、将来の現金の流入出も含んでいるのである。

第5節　利益の計算方法

　会計の最も重要な役割の一つに利益計算がある。すなわち、企業がいくら儲けているかを計算することが会計の重要な役割である。しかも利益計算を重要視するあまり、利益の正確性を検証するために2種類の財務表を利益計算に使うのである。その2種類の財務表は、損益計算書、貸借対照表というが、これらは最も重要な財務諸表ということで、基本財務諸表と呼ばれている。

1. 損益計算書

損益計算書による利益計算は、次の通りである。

$$収益 - 費用 = 当期純利益$$

これを上述例題の⑥の段階の図で確認すると、売上は収益のグループにあり、売上原価は費用のグループにあるのがわかる。それを算式に当てはめて計算すると、

$$\frac{売上300}{（収益）} - \frac{売上原価150}{（費用）} = 当期純利益150$$

となる。

収益のグループにある売上は、商品をいくらで売ったのかが示されている。すなわち、売上は商品をいくらで売って稼いだのか、が示されている。

費用のグループにある売上原価は、いくらの商品を売ったのかが示されている。すなわち、商品を売って稼ぐためにいくらの商品を消費したのかが示される。つまり、費用というものは、稼ぎを得るために犠牲になったもの、が示されている。

2. 貸借対照表

貸借対照表による利益計算は、次の通りである。

$$期末の純資産 - 期首の純資産 = 当期純利益$$

$$\uparrow \qquad\qquad \uparrow$$

ある期間の取引後　　ある期間の取引始め

これを上述の例題で確認しよう。

上術例題の図表15－1の段階における純資産と⑥の段階における純資産の違いをみる。

①の段階における純資産の項目は、資本金100だけがあるのに対して、⑥の

段階の純資産には資本金100の他に当期純利益150が示されている。

　これを算式に当てはめると次のようになる。

$$\frac{(資本金100＋当期純利益150)}{(期末の純資産)} - \frac{資本金100}{(期首の純資産)} = 当期純利益150$$

　これは、当期純利益150が企業のキャッシュ・フロー活動によって新たに作り出されたもの（すなわち利益）であり、これを元手に加えてさらなるキャッシュを生み出そうと、次の期間に向かうことを意味する。すなわち当期純利益は企業がキャッシュ・フロー活動によって新たに作り出したものであり、それは返済不要の元手に新たに組み込まれ、さらなるキャッシュを生み出す活動に加わることを意味する。

注
1）本章においては「お金」という言葉と「キャッシュ」という言葉は同じような意味合いで用いているが、読者に混乱を招かせないように今後はなるべく「キャッシュ」という言葉に統一することとする。

執筆者紹介（執筆順、＊は編者）

髙木直人＊（たかぎ　なおひと）：第1章・第4章・第5章・第8章

　　名古屋学院大学商学部　教授　修士（経営学）

岩出和也（いわで　かずや）：第2章・第9章

　　名古屋学院大学商学部　講師　修士（経済学）

水野 清文＊（みずの　きよふみ）：第3章・第6章・第7章・第10章

　　名古屋学院大学商学部　准教授　修士（経営学）

江利川良枝（えりかわ　よしえ）：第11章

　　名古屋学院大学商学部　講師　修士（教育ファシリテーション）

杉浦礼子（すぎうら　れいこ）：第12章

　　名古屋学院大学商学部　教授　博士（学術）

濵　満久（はま　みつひさ）：第13章

　　名古屋学院大学商学部　教授　博士（商学）

岡本　純（おかもと　じゅん）：第14章

　　名古屋学院大学商学部　教授　経営学修士（MBA）

豊岡　博（とよおか　ひろし）：第15章

　　名古屋学院大学商学部　教授　修士（商学）

編者紹介

髙木直人（たかぎ　なおひと）

1965年滋賀県に生まれる。最終学歴九州産業大学大学院　経営学研究科　博士後期課程

現在、名古屋学院大学　商学部　教授「経営学総論」担当

主な著書

髙木直人編著『経営学へのご招待』五絃舎、2017年

水野清文（みずの　きよふみ）

1972年愛知県に生まれる。最終学歴愛知学院大学大学院　経営学研究科　博士後期課程

現在、名古屋学院大学　商学部　准教授「経営学総論」担当

主な著書

宮坂純一・水野清文編著『現代経営学』五絃舎、2017年

現代経営学概論

2021年4月15日　第1刷発行

編　著　髙木直人・水野清文
発行者　長谷雅春
発行所　株式会社五絃舎
　　　　〒173-0025　東京都板橋区熊野町46-7-402
　　　　TEL・FAX：03-3957-5587
　　　　e-mail：gogensya@db3.so-net.ne.jp
組　版：Office Five Strings
印　刷：モリモト印刷
ISBN978-4-86434-129-5
Printed in Japan　©検印省略　2021